Élever bébé

Marcel RUFO
Christine Schilte

Bébé pleure

HACHETTE
Pratique

Directeur : Jean-François Moruzzi
Directeur éditorial : Pierre-Jean Furet
Responsable éditoriale : Caroline Rolland
Couverture : Nicole Dassonville
Coordination rédactionnelle : Nelly Benoit
Maquette et réalisation : Christophe De Angeli
Dessins : Christophe De Angeli
Crédit photo : Jérome Tisné/Photonica

Avant-propos

Les pleurs sont un fantastique moyen de communication enfant-parents. Dès la naissance, ils disent tout ce que le bébé ressent et qu'il ne peut exprimer autrement : il a faim, il a soif, il a chaud, il a mal, il se croit abandonné...

Rares sont les parents qui supportent de les entendre sans éprouver une anxiété plus ou moins grande. Certaines mamans, dans les toutes premières semaines de vie commune, les vivent même comme une véritable souffrance. En effet, pour l'adulte, les pleurs sont toujours porteurs d'une connotation de douleur physique ou morale. Ils sont en fait un test projectif de l'inquiétude des parents, toujours prêts à remettre en cause leur capacité de maternage : sont-ils aptes à comprendre les besoins de leur bébé et à y répondre de manière adéquate ?

Tous ont le souci d'être des parents parfaits, ce que les cris du bébé semblent mettre en échec. C'est pourquoi les pleurs, incompréhensibles, sont si difficiles à supporter, car ils apparaissent comme inconsolables. En réalité, ces expressions sonores sont un véritable pré-langage. D'ailleurs, tous les cris ne se ressemblent pas. Leur tonalité et leur intensité varient. C'est en les écoutant que les parents apprennent à les décoder et à leur donner des intentionnalités différentes.

De son côté, le bébé réalise que ses pleurs interpellent ses proches, tant sur ses besoins vitaux et immédiats que sur la manière dont il appréhende le monde. Très vite, il sait que sa mère, son père, ou sa nourrice, va le prendre dans ses bras et le porter à hauteur de son visage.

Leurs regards se croisent et des mots tendres le consolent et le rassurent. C'est ainsi que naissent les relations de confiance et de sécurité qui lui permettront de grandir. Cette paix intérieure rend notamment l'éloignement de sa mère envisageable et le conduit à l'autonomie. Ce besoin indispensable est d'ailleurs à l'origine des pleurs de l'enfant après 1 an.

Vers 18 mois, lorsque surgissent les premiers mots, l'enfant pleure essentiellement pour manifester son opposition à la volonté éducative de ses parents. Il lui faudra de longs mois, voire des années d'apprentissage, pour supporter la frustration sans larmes. Ce n'est que vers 6-7 ans que les larmes expriment la tristesse de la perte. La disparition d'un animal de compagnie en est souvent la première occasion.

C'est l'acquisition du langage qui donne aux pleurs toute leur capacité d'exprimer les émotions.

Les auteurs

Sommaire

De la naissance à 6 mois

De 6 mois à 2 ans

AGIR

- De la naissance à 6 mois
- De 6 mois à 2 ans
- 2 ans et plus

Votre bébé pleure beaucoup, rien de plus normal. C’est presque le seul moyen pour lui de communiquer avec vous. Apprenez à reconnaître ce qu’il cherche à vous dire.

De la **naissance** à **6 mois**

1 Pourquoi les bébés naissent en pleurant ?

↘ Enfin, il est là et vous êtes étonnée : ce n'est pas avec un sourire qu'il entre dans la vie mais en poussant des cris puissants. Des sentiments mitigés vous submergent alors. Ce bébé vous semble en pleine détresse et pourtant ses pleurs vous rassurent.

Ils signifient en effet que votre bébé est bien vivant, qu'il a franchi avec succès l'épreuve de l'accouchement et qu'il a même parfois du caractère, à en juger par la puissance de ses hurlements.

Le premier cri témoigne de l'appartenance de l'enfant au monde aérien. C'est un message entendu par la mère, les soignants et le père.

Les cris à la naissance satisfont aussi les pères, car pour eux ils sont le signe de la séparation charnelle du bébé et de sa mère, et du début de l'établissement d'une relation intense, les yeux dans les yeux, avec leur enfant.

Ces cris peuvent durer quelques secondes. Le bébé montre un visage crispé et il bat des bras et des jambes. Il retrouve calme et sérénité, tout contre sa mère. Il part alors à la recherche du sein maternel, en poussant parfois de petits grognements.

Pour le nouveau-né, ce premier cri est une réaction vitale. Grâce à lui, apparaissent les fonctions respiratoire et cardiaque, indispensables à la vie. In utéro, la trachée artère, les bronches, les bronchioles et les alvéoles pulmonaires sont remplis d'un liquide sécrété par les cellules des parois alvéolaires. En perpétuel renouvellement, ce liquide est rejeté par le pharynx dans le liquide amniotique qui, lui, ne peut pas pénétrer dans l'appareil respiratoire, la glotte étant en permanence fermée.

Au moment de la naissance, sous l'effet de la compression du thorax, lors du passage à travers les voies génitales maternelles, une bonne partie de ce liquide est expulsée, une autre l'est lors du premier cri, et le reste est aspiré au cours des premiers soins faits après la naissance. Il est aussitôt remplacé par l'air qui s'engouffre largement dans la bouche ouverte du bébé.

Grâce aux premiers cris, l'appareil respiratoire du bébé est pour la première fois en contact avec l'air, et pour toute la vie. La glotte s'entrouvre alors par un mouvement réflexe, les muscles inspiratoires se contractent violemment et provoquent une dépression à l'intérieur du thorax ; l'air descend dans l'arbre respiratoire. Son arrivée permet le déploiement des alvéoles des poumons. La première expiration s'apparente à un réflexe et laisse un peu d'air dans les alvéoles. Cet air est indispensable pour la bonne continuité des échanges gazeux vitaux et pour permettre la réouverture des alvéoles à la deuxième inspiration.

PETIT CONSEIL

Tous les enfants ne crient pas spontanément à la naissance. Quelques bébés semblent même dormir. Mais ne vous inquiétez pas, pour les réveiller, certaines sages-femmes ou obstétriciens leur donnent une toute petite tape sur les fesses afin de tester leur réactivité. Généralement, il suffit que le nouveau-né soit posé sur le ventre de sa mère pour qu'il retrouve un calme parfait. Une réaction qui satisfait totalement la mère ; elle a ainsi la preuve qu'elle est particulièrement douée pour consoler son bébé.

Les premières inspirations et le clampage (fermeture par une pince) du cordon ombilical transforment profondément la circulation sanguine de l'enfant. Le trou de botal qui assurait la communication entre les deux oreillettes du cœur du fœtus est obstrué par une membrane qui, tel un clapet, vient se plaquer contre l'orifice en raison d'une différence de pression sanguine. Une plus grande pression d'oxygène dans le sang provoque encore la contraction du canal artériel qui mélangeait chez le fœtus la circulation pulmonaire à la circulation générale du reste du corps. Ainsi s'établit la double circulation indispensable à la vie aérienne.

Pour certains spécialistes, le cri à la naissance n'est pas simplement un réflexe de survie mais aussi la manifestation d'un certain déplaisir. En effet, en quelques minutes, l'enfant est plongé dans un monde inconnu. Il doit abandonner le confort doux et chaud du liquide amniotique, il doit quitter l'environnement bien cerné de l'utérus. L'air, qui entre dans ses poumons et qui caresse sa peau, doit lui paraître froid au regard des 37 °C de sa vie utérine. Il découvre la lumière vive, les bruits forts et la pesanteur qui entrave ses moindres gestes. On comprend que tout cela puisse le mettre de mauvaise humeur !

Rassurez-vous, les cris à la naissance ne manifestent aucune douleur, tout au plus de l'inconfort.

Parmi les mammifères, l'homme est le plus immature à sa naissance, il manque totalement d'autonomie et a donc un besoin indispensable des soins de ses parents. La nature a bien fait les choses et lui a donné le cri et les pleurs pour attirer leur attention.

2 Pourquoi les bébés pleurent-ils si souvent au cours des premiers mois ?

↘ Vous serez d'autant plus « dérangés » par les cris de votre bébé qu'ils sont nombreux, et aussi particulièrement puissants. Un nouveau-né a du coffre : la fréquence sonore de ses cris est supérieure à celle d'un enfant plus âgé et souvent du double de la voix normale de ses parents.

Heureusement que les bébés ont la capacité de pleurer ! N'ayant pas encore le langage, c'est presque l'unique moyen dont ils disposent pour exprimer ce qu'ils ressentent.

Sans les pleurs, ils seraient incapables d'établir une première relation avec leurs parents. Ils leur lancent des appels afin qu'ils satisfassent leurs besoins fondamentaux comme la faim, la soif, l'inconfort, la douleur, mais aussi pour manifester leur insatisfaction et leur nécessité d'amour.

PETIT CONSEIL

En fait, un bébé a toujours une bonne raison de pleurer. Le plus souvent, elle est fort banale. Ainsi, certains bébés détestent être mouillés et rester dans des couches sales. Seule solution : les changer. Il arrive qu'un bébé continue de pleurer, notamment si on le recouche immédiatement après le change. Laissez-lui le temps d'apprécier, contre vous, son nouveau confort pendant quelques instants avant de le remettre dans son lit.

Il se peut que votre bébé ait trop chaud. La chaleur excessive est un facteur de stress et d'inconfort chez l'enfant. Une mauvaise appréciation de la température de sa chambre est parfois à l'origine de troubles du sommeil qui se manifestent par des pleurs. Rappelez-vous que 18 à 20 °C suffisent largement. De plus, ne couvrez pas trop votre bébé, surtout au début de la nuit car c'est le moment où il transpire le plus.

Il a peut-être soif, notamment en période estivale. Sa demande se manifeste par des pleurs sans raison apparente entre deux repas. Un peu d'eau plate, sans sucre, suffira à favoriser son retour au calme. Un tout petit bébé est particulièrement vulnérable à la chaleur : son système interne qui régule la température de son corps se fait en grande partie par la transpiration. Chez le nourrisson de quelques semaines, ce mécanisme n'est pas encore établi et son moyen de défense est la respiration, un peu à la manière des animaux. L'enfant va l'accélérer et haleter.

Le bébé parle en criant et en pleurant. Toute la famille joue au jeu de l'interprétation. Mais surtout, les parents adoptent naturellement des comportements magiques, ce sont souvent des corps à corps apaisants. En étant le plus serein et le plus calme possible, en expliquant à votre bébé que vous ne comprenez pas très bien ce qui l'agite mais que vous voulez l'aider, que vous êtes là pour vous occuper de lui, vous lui permettez de ne pas s'enfoncer dans le cycle infernal des pleurs.

Les pleurs participent aussi chez les parents à l'indispensable passage du bébé imaginaire au bébé réel. Les mères particulièrement déprimées après l'accouchement, ou les bébés notablement grincheux, peuvent être à l'origine de difficultés d'attachement qui demanderont parfois l'aide d'un soutien psychologique.

PETIT CONSEIL

Il est indispensable que vous répondiez toujours aux cris de votre bébé. Si vous les ignorez, il pourrait croire que ses plaintes sont vaines et qu'il ne peut rien attendre de vous.
Peut-être se sent-il trop seul et a-t-il envie de participer à la vie qui l'entoure ? Quoi de plus normal ?

Les cris ont sans doute une importance dans la manière dont se construisent les premières relations parents-enfant : l'enfant a la capacité de reconnaître la voix de ses parents parmi d'autres, et ses parents n'auront besoin que de quelques jours pour apprendre à reconnaître les cris de leur enfant parmi tous ceux des enfants de la maternité.

PETITE REMARQUE

Un bébé qui n'a que quelques jours n'a pas de larmes. C'est bien étonnant mais tout à fait normal.
En effet, ses canaux lacrymaux ne sont pas encore ouverts. Ces deux petits canaux permettent aux larmes de s'écouler des yeux vers le nez. Ils ont une partie interne et inférieure au coin de l'œil, un petit sac où s'accumulent les larmes et un canal qui le relie aux fosses nasales. Si l'absence de larmes persiste au-delà de la première semaine, consultez votre pédiatre.
Mais c'est parfois l'inverse qui se produit lorsque ces canaux sont obstrués par un bouchon de cellules et de sécrétions : les yeux de l'enfant sont alors en permanence larmoyants. Il est souhaitable là encore de consulter votre médecin.

3 Depuis sa naissance, notre bébé, âgé de 1 mois, pleure toutes les nuits. Est-ce normal et que pouvons-nous faire ?

↘ Rassurez-vous, votre bébé se comporte comme tous les bébés de son âge. Les nourrissons qui font leurs nuits sont extrêmement rares. En effet, leur horloge biologique est programmée pour des temps de sommeil de trois à quatre heures.

Leurs pleurs sont motivés essentiellement par la faim, qu'ils soient nourris au sein ou au biberon. La seule solution pour que votre bébé se rendorme, et vous aussi, consiste donc à lui donner une tétée et à le recoucher. Rassasié, il replonge dans le sommeil jusqu'au petit matin. Ne vous inquiétez pas, vous ne risquez pas de le rendre capricieux, vous ne faites que répondre à un besoin purement physiologique, souvent nécessaire jusqu'à l'âge de 3 mois. En effet, durant cette période, son organisme doit refaire régulièrement des réserves en sucre, en moyenne toutes les trois heures. Le lait répond facilement à ce besoin.

Le biberon de nuit s'impose jusqu'à 3 mois, si le bébé le réclame.

Laisser un bébé de quelques mois pleurer sans le réconfort d'un adulte est dommageable, tant pour lui que pour ses parents. Un nourrisson ne s'arrête pas de crier, même s'il a compris qu'il n'aura pas satisfaction. En fait, il se rendort épuisé de colère et d'angoisse. Il y a de grandes chances pour que, tenaillé par la faim, il se réveille peu de temps après, lorsqu'il traversera une nouvelle phase de sommeil léger. Cette non-satisfaction d'un besoin purement physiologique est bien souvent à l'origine de l'installation d'un trouble psychologique du sommeil. Le bébé risque d'associer son angoisse de ne pas être rassasié à l'obscurité qui l'entoure. En grandissant, il ne pleurera plus de faim mais de peur, perturbant pour de longs mois les nuits de sa famille.

Vos nuits agitées ne vont heureusement pas durer. Beaucoup d'enfants ne réclament plus de biberon la nuit vers deux mois, lorsqu'ils ont généralement atteint un poids de 5 kg. Vous reconnaîtrez que ce moment approche à deux signes : votre enfant ne pleure plus systématiquement toutes les nuits et il est capable d'espacer tout doucement son dernier biberon du soir et celui du matin. Par contre, il connaît de plus en plus souvent des épisodes de pleurs « inconsolables » et sans motif apparent en fin de journée. C'est ce que l'on nomme le « spleen du bébé ».

PETIT CONSEIL

Le seul moyen de ne pas sortir épuisé de cet épisode est de pratiquer l'alternance de disponibilité entre les parents. Le père assume, au minimum, les tétées de nuit du vendredi et du samedi puisqu'il peut, ces jours-là, récupérer par une petite grasse matinée ou une sieste. Les autres jours peuvent être à la charge de la jeune maman qui récupérera un peu de son temps de sommeil dans la journée, lorsque le bébé dort.

4 Mon bébé est-il capable de se consoler tout seul ?

↘ Théoriquement oui, mais tous les bébés n'ont pas cette capacité à la naissance. Celle-ci a été mise en évidence par le docteur Brazelton, célèbre pédiatre américain, et fait partie des tests qu'il préconise de faire à la naissance, en complément des tests neurologiques classiques.

Comme ces derniers, les tests du docteur Brazelton contrôlent un certain nombre de compétences du nouveau-né mais avec pour objectif d'aider les parents à s'adapter à leur nouveau-né, et de leur fournir, très vite, des indications sur la meilleure façon de le soigner en fonction de sa personnalité. Ils se pratiquent à tout moment, entre la naissance et le premier mois du bébé.

Quatre réflexes se combinent pour qu'un bébé retrouve un peu de calme. Il va d'abord essayer de se mettre sur le côté : il tourne sa tête alors que ses bras sont tendus et son corps arc-bouté. Puis, sous l'effet d'un mouvement réflexe, il ramène un de ses deux bras vers sa bouche. Le plus difficile reste à faire : mettre sa bouche et sa main en contact. Pour cela, le bébé fait rouler sa tête de droite à gauche jusqu'à ce qu'il trouve sa main. C'est seulement alors qu'il peut se mettre à sucer son pouce, son index ou son poing fermé. Enfin, il est en paix avec lui-même. Généralement, le bébé réussit seul dans son lit à prendre cette position calmante, mais certains enfants ont besoin d'assistance.

Il existe des gestes qui vont l'aider à retrouver son calme. On commence par murmurer avec insistance des paroles apaisantes à son oreille. À leur écoute, l'enfant porte sa main à sa bouche. Si la voix n'est pas suffisante, on prend les bras du bébé et on les maintient croisés sur sa poitrine. Ce geste brise le cycle pleurs-soupirs ; la pression physique, accompagnée de l'exhortation vocale, a souvent raison de l'accès de larmes. Le soignant a aussi à sa disposition une autre manœuvre : il prend l'enfant dans ses bras et le cajole doucement en guidant sa main vers sa bouche.

Ce sont les capacités du bébé qui indiquent aux parents le degré d'assistance dont il aura besoin pour sortir de ses crises de pleurs.

Même si le médecin conclut que le bébé qu'il est en train de tester n'est pas du genre facile, il pourra rassurer les parents en leur montrant les gestes qui viennent à bout de son inquiétude.

5 Pourquoi les bébés se calment lorsqu'ils entendent la voix de leur mère, même si celle-ci n'est pas très proche ?

↘ Pour l'enfant qui vient de naître, la voix de sa mère est un souvenir de sa vie d'avant, elle est donc associée à un sentiment de sécurité, voire de plaisir. De nombreuses expériences ont mis en évidence la capacité du fœtus à entendre et à reconnaître la voix de sa mère d'abord, puis celle de son père.

Il capte les bruits extérieurs et intérieurs dès la 22e semaine de gestation et son audition est normale à 35 semaines. Le futur bébé perçoit notamment bien la voix de sa mère car elle est relativement aiguë. Habituellement d'une puissance moyenne de 60 décibels, celle-ci atteint son oreille avec une intensité de 24 décibels. C'est le son qu'il entend le mieux puisqu'elle lui arrive en stéréo à la fois de l'intérieur et de l'extérieur.

La voix de sa mère sécurise le bébé, comme les battements de son cœur lorsqu'il est posé tout contre sa poitrine.

En comparaison, la voix de son père ne parvient au bébé qu'à une hauteur de 8 à 12 décibels. Il ne comprend pas les mots, mais saisit leur intonation et donc leur charge affective. Il est aussi sensible au rythme de ce qu'on lui dit. Tout cela explique qu'un nourrisson est capable de différencier la voix de sa mère de celles d'autres femmes.

De plus, la voix d'une mère qui parle à son bébé après sa naissance n'est pas différente de celle qu'il entend avant : elle comporte particulièrement des aigus, le phrasé est lent, avec beaucoup de répétitions de mots et de phrases, l'intonation est bien marquée. La mère accompagne presque toujours son discours de mimiques, son visage est mobile. Le bébé adore cela. Malgré le désarroi qu'expriment ses pleurs, il regarde et écoute sa mère. La séduction agit, il la regarde avec encore plus d'attention et se calme presque par magie.

La magie opère encore plus si sa mère chante une berceuse et le balance. L'enfant retrouve le doux mouvement déjà connu dans le ventre de sa mère. Techniquement, le phénomène est simple : l'enfant règle sa respiration et son rythme cardiaque sur ce mouvement de va-et-vient qui doit être plutôt lent et bien marqué. Les berceuses ont des mélodies lentes et répétitives sur lesquelles glissent des paroles douces. Elles apaisent simplement parce qu'à leur écoute le rythme cardiaque de l'enfant se ralentit.

Mais attention, lorsque la mère est fatiguée ou tendue, sa voix n'a plus tout à fait les mêmes vertus. Elle peut même, en raison de sa tonalité, n'être d'aucune utilité. Il y a alors toutes les chances pour que, constatant son inefficacité, la mère sente sa tension redoubler et un sentiment de culpabilité l'envahir : elle n'est pas la mère parfaite qu'elle aimerait tant incarner.

PETIT CONSEIL

Des recherches ont montré que la voix de la mère calme le bébé en pleurs. En revanche, lorsqu'il s'endort, cette même voix a tendance à attirer son attention et à le stimuler. Par contre, la discussion calme de ses parents l'endort, bercé par le mélange des voix de ses deux parents.

6 Faut-il attendre que notre bébé pleure pour lui donner à manger ?

↘ Aujourd'hui, la plupart des pédiatres préconisent l'allaitement au sein ou au biberon, à la demande. C'est-à-dire quand le bébé le veut. En général, dès qu'il a faim, votre bébé se réveille et se met à pleurer et c'est ainsi toutes les trois-quatre heures.

Ce rythme correspond aux besoins en sucre et en graisses de son organisme. Le maintien de son corps à 37 °C, le fonctionnement de ses organes et ses mouvements brûlent en permanence des calories, donc du sucre et des graisses, alors que son organisme n'est pas encore capable de les stocker longtemps. Dès que leur taux baisse dans son sang, le bébé éprouve de la faim, une sensation désagréable, voire douloureuse à cet âge.

La manière goulue dont il saisit la tétine ou le bout du sein témoigne de son impatience. Dès que le lait commence à remplir son estomac, il se sent plus disponible pour regarder sa mère ou son père qui le nourrit et pour entrer en relation avec eux. Ainsi, il satisfait à la fois sa faim et son besoin de contacts affectifs.

Pourtant, il ne faudrait pas tomber dans le piège de nourrir votre bébé dès qu'il pousse le moindre cri. Il prendrait alors la mauvaise habitude de manger tout le

PETIT CONSEIL

Il est normal que vous soyez inquiète de savoir si vous donnez assez de lait à votre bébé nourri au sein. Le rythme des repas et la quantité d'aliments absorbés resteront longtemps une de vos préoccupations majeures, tant nourrir son enfant est un geste essentiel de maternage puisqu'il signifie donner la vie.

temps. En observant votre bébé au cours de ses premières semaines, vous aurez une idée de ses rythmes alimentaires : rythme court toutes les deux heures, rythme long toutes les quatre heures, rythme normal toutes les trois heures. La fréquence des biberons est souvent moins élevée que les tétées au sein puisque la quantité de lait donné est parfaitement maîtrisée.

Très vite, l'enfant apprend à dire qu'il a faim de lait et de relations peau à peau.

7 Mon bébé pleure lorsque je le mets au sein, est-ce normal ?

↘ Il n'est pas rare que ce moment qui devrait être pour le bébé un des plus agréables se transforme en un temps de larmes. Tout dépend des circonstances de la mise au sein. Ainsi, il a peut-être été tiré de son sommeil et cela le rend grincheux, car ce geste lui procure une sensation d'inconfort et d'insécurité qu'il manifeste aussitôt par des cris.

Mais d'autres raisons peuvent être à l'origine de sa colère. Peut-être est-il au contraire affamé. Alors qu'il avait l'habitude dans l'utérus maternel d'être nourri à volonté, et sans effort, il trouve la nouvelle formule qu'on lui propose beaucoup moins bien adaptée à ses besoins. Tout cela l'énerve.

Il a pu aussi attendre que sa mère s'installe, faisant connaissance avec la sensation extrêmement désagréable de la faim. Plus un enfant est petit, plus il a des difficultés à retrouver facilement son calme. Il est submergé par ses émotions et se laisse dominer par un sentiment d'insécurité. Laissez-lui le temps de reprendre « pied » en le berçant. Au bout de quelques minutes, il arrêtera de pleurer.

Le nouveau-né peut encore être surpris de devoir faire un effort pour se nourrir. Même si la succion est un réflexe inné, elle nécessite chez certains enfants un véritable apprentissage. Ils ne tètent pas assez fort, ou ne positionnent pas bien leur langue pour une succion efficace. Ces bébés s'énervent parce qu'ils ne parviennent pas rapidement à se rassasier.

Faute de rot, des acidités peuvent remonter dans l'œsophage du bébé, provoquant une sensation douloureuse.

Enfin certains, particulièrement affamés, pleurent tout particulièrement lors des tétées de fin de journée. En effet, le lait maternel a une composition qui change sur une durée de 24 heures. En début de journée, il est riche et satisfait donc parfaitement les petits ogres. En fin de journée, le lait est plus léger et ne donne pas toujours à ces enfants l'impression d'avoir assez mangé.

Il arrive que le bébé pleure alors qu'il n'a plus faim. Il manifeste ainsi une gêne digestive due à un gonflement douloureux de son estomac en raison de l'air qu'il a avalé en tétant. Le rot a pour fonction de le soulager. D'autres bébés, notamment s'ils ont pris l'habitude de tétées très longues, pleurent lorsqu'ils doivent quitter le sein maternel. Normalement, une tétée ne devrait pas excéder un quart d'heure puisqu'il faut 8 à 10 minutes en moyenne d'une succion normale pour vider chaque sein. Sachez que plus vous attendrez, plus la séparation sera difficile. Procédez en douceur, accompagnez votre geste de retrait de mots tendres et de caresses.

PETIT CONSEIL

Après une tétée, mettez votre bébé en position verticale dans vos bras ou contre votre épaule et, si besoin, tapotez-lui le dos. Le bruit sonore d'un rot vous indique que vous pouvez maintenant le recoucher. Vous pouvez garder votre bébé quelques minutes dans vos bras avant de le poser délicatement dans son berceau.

8 Tous ses cris ne sont pas les mêmes, comment les reconnaître ?

↘ La première forme de langage pour un bébé, ce sont ses cris. C'est ainsi qu'il exprime ce qu'il ressent, qu'il entre en communication avec ses parents. Ses cris disent presque tout : il a faim, il est mouillé, il a trop chaud, il a soif, il ne se sent pas en sécurité.

Bref, un bébé a toujours une bonne raison de crier. Avant la fin du premier mois, le nourrisson module ses cris. Les semaines passant, l'expérience aidant, les parents vont savoir de mieux en mieux interpréter les pleurs de leur nourrisson et aussi les supporter. Les recherches faites sur les cris communs à tous les bébés ont permis de mettre en évidence plusieurs types de cris ayant des significations différentes.

Le plaisir s'exprime aussi par un cri, il est bref et fort, prémices des cris de joie.

Le cri de la faim se caractérise par un son strident, suivi d'une inspiration. Il est accompagné d'un court sifflet puis d'une période de silence. Les cris s'installent alors en continu, moyennement aigus mais insistants. L'enfant agite la tête dans tous les sens, sa bouche est ouverte, prête à attraper le sein ou la tétine. L'enfant attend de voir si ses parents vont le satisfaire. Le premier réflexe des parents face à un bébé qui pleure est souvent de le nourrir. Ils verront s'ils se sont trompés dans l'interprétation de ses cris, si l'enfant délaisse bien vite la nourriture, s'agite et se remet à pleurer.

Les cris de colère s'expriment sur plusieurs timbres de voix, tout dépend de la force avec laquelle l'air passe entre les cordes vocales. Mais ils ont tous un point commun : ils sont aigus et mettent les oreilles parentales à rude épreuve.

Le cri de douleur est aussi caractéristique : il est tout d'abord bref, puissant, avec une respiration coupée. Il est suivi d'un silence puis d'une inspiration inaugurant une série de cris expiratoires. Le bébé ne se calme pas, même si on le prend dans les bras.

Le cri de frustration est une variante du cri de douleur. Il est suivi d'un long sifflement inspiratoire, et est toujours renouvelé. C'est le cri par exemple que pousse un bébé à qui l'on retire le sein ou le biberon, alors qu'il a encore faim.

Les cris de fatigue ressemblent d'abord à des gémissements, puis se transforment en cris de détresse. Lorsque l'enfant est mis dans son lit, ses pleurs peuvent évoquer des sanglots puis s'apaisent. Le bébé s'endort.

Les cris d'ennui sont des cris d'appel, marqués par des temps de silence pour vérifier leur efficacité. Ils cessent dès que l'enfant entend ses parents s'approcher.

À partir de l'âge de trois semaines, les parents vont très vite reconnaître les petits cris destinés à attirer leur attention. Tous demandent une réponse ; d'ailleurs, spontanément, la plupart des parents commencent par parler à leur bébé au-dessus de son berceau l'interrogeant sur sa demande, le rassurant sur leur présence.

PETIT CONSEIL

Lui caresser la joue ou lui tenir les mains ne suffit pas toujours ; bien souvent, c'est être pris dans les bras qu'un bébé réclame. Dans un premier temps, cette position le rassure, lui offrant des limites affectives. Mais, au fils des mois, il aimera être tenu face au monde qui l'entoure et manifestera, de plus en plus souvent, par ses cris, son besoin de compagnie et son envie de participer à la vie de la famille.

9 Mon bébé ne supporte pas que je lui fasse sa toilette, il pleure alors toujours beaucoup. Pourquoi ?

↘ **La toilette est souvent vécue par le nourrisson comme un moment de grande insécurité. Alors qu'il vivait dans un univers aux limites bien définies, l'utérus maternel, il se sent perdu dans une immensité sans bornes perceptibles.**

Le simple fait de le déshabiller provoque déjà chez lui un sentiment de panique : en perdant ses vêtements, il a l'impression qu'on lui dérobe ce qui l'entoure, ce qui le contient. Il utilise alors pour se protéger le réflexe de Moro, un réflexe qu'il possède de manière innée : face à des changements brusques de position, le bébé lève et écarte les bras, en ouvrant les mains, puis ramène ses bras contre sa poitrine et se met à pleurer. Quelques paroles douces et le simple fait de lui tenir la main suffisent à le rassurer.

Votre bébé peut encore vivre les gestes de la toilette comme plus ou moins agressifs. Il peut d'abord avoir froid tout nu sur sa serviette de toilette. Très peu de bébés aiment que leur mère leur nettoie le nez, d'autres détestent qu'elle leur tienne un peu fermement la main pour couper leurs ongles. Là encore, la douceur des manipulations et des mots tendres aident à rendre le moment un peu plus agréable. Le bain est parfois pour certains une épreuve. Dès que leur peau touche l'eau, ils se mettent à hurler.

PETIT CONSEIL

Le bain n'est pas qu'un geste d'hygiène, il doit être aussi l'occasion d'un moment de plaisir et de communication intense entre la mère et l'enfant.
Ne soyez pas inquiète, tous les bébés finissent par aimer l'eau, même si les premiers bains sont légèrement agités.

Les battements de leurs bras et de leurs jambes provoquent des éclaboussures d'eau qui viennent mouiller leur visage, ce qu'ils détestent par-dessus tout. N'insistez pas, attendez que votre bébé soit dans de meilleures dispositions et que vous soyez plus détendue. Rassurez-vous, tous les bébés finissent par trouver dans le bain un vrai moment de détente et de jeux.

C'est la peur de l'inconnu qui motive aussi les pleurs des premières semaines.

10 Faut-il donner une sucette à notre bébé pour l'aider à retrouver son calme ?

En anglais, la sucette du bébé signifie « pacifier », on ne peut exprimer plus clairement sa fonction. Pourquoi une telle vertu ? Le besoin de téter est inné et fondamental chez le bébé. Il est physiologique, car sans lui le bébé ne parviendrait pas à se nourrir.

La succion est un réflexe dit archaïque, tout comme la marche et l'agrippement. Elle est pour votre bébé le seul moyen d'accéder au stade oral, ce stade de l'évolution qui lui donne une première expérience de son environnement. Si vous ne lui offrez pas un outil, la sucette, pour satisfaire ce besoin, il y a de fortes chances qu'il utilise son pouce. D'ailleurs, il en a sans doute déjà fait l'expérience in utéro.

Sucer son pouce ou une tétine apporte à l'enfant une sensation de bien-être et de plaisir. Pour certains bébés, la sucette ou le pouce ne s'impose pas immédiatement pour calmer leurs chagrins et leurs petites anxiétés, les tétées au sein ou au biberon sont assez nombreuses pour les satisfaire. C'est plus tard, vers 4-5 mois, quand l'occasion de sucer est plus rare dans le cadre de l'alimentation qu'ils cherchent leurs doigts ou qu'ils s'attachent à leur sucette.

La succion est pour le nourrisson, et même pour l'enfant âgé de quelques années, un moyen extraordinaire de lutter contre une anxiété naissante. Tendre la sucette, guider le pouce vers la bouche sont des gestes de première urgence pour calmer les pleurs de toute origine. Cette pratique autoérotique laisse souvent l'enfant comme absent : il se recentre sur lui-même et pratique une forme de rêverie.

Pouce ou sucette, quelle est la meilleure formule ? Chacun ayant ses partisans et ses détracteurs, trancher est une affaire délicate. La vraie différence est dans leur usage : l'enfant trouve naturellement son pouce pour se calmer, le parent propose le plus souvent à l'enfant la sucette pour ne plus entendre ses cris. En tétant, l'enfant s'apaise, trouve un calme intérieur qui a pu être perturbé par un environnement plus ou moins agressif.

Les enfants africains et asiatiques, qui vivent leurs premières années au contact permanent de leur mère, n'ont pas besoin de leur pouce pour trouver un peu de réconfort.

Ainsi, il s'isole dans sa bulle, retrouvant un plaisir associé aux tout premiers comme celui d'être rassasié de lait, d'être tout contre sa mère, empli de sa chaleur et de son odeur. Si rien ne le dérange alors, s'il se sent en parfaite sécurité, il passe dans un état de semi-conscience qui lui procure un parfait état de relaxation, le conduisant souvent au sommeil. Fréquemment, le pouce ou la sucette sont associés à un chiffon ou à une peluche, objet transitionnel par excellence qui aide à supporter les peines et la tristesse de voir sa mère s'éloigner pour plus ou moins longtemps.

La seule vraie difficulté que vous pouvez rencontrer avec la sucette, c'est sa perte. Dans le noir, lorsque l'enfant entre en sommeil profond, il tète moins fort et la sucette glisse de sa bouche. Habitué à s'endormir grâce à elle, il veut alors la retrouver dès qu'il traverse une phase de sommeil léger. Incapable avant un an de se débrouiller seul, l'enfant se met à pleurer, réclamant l'assistance de ses parents qui sont bien obligés de se lever.

Vous constaterez une autre particularité de cet « outil » : il disparaît souvent à l'occasion des déplacements, et c'est au moment où l'on aurait absolument besoin d'elle que la sucette est introuvable.

PETIT CONSEIL

Équipez la sucette de votre enfant d'un cordon muni d'une pince et vérifiez avant de quitter un lieu qu'elle est bien attachée au vêtement de l'enfant.

11 La fin de sa journée est toujours marquée d'une crise de larmes inconsolable ? Pourquoi et que devons-nous faire ?

↘ Certains bébés connaissent en effet, à ce moment de la journée, un épisode de cris difficiles à interpréter. Ce sont des pleurs qui jaillissent sans raison apparente et presque toujours à la même heure.

Tout à coup, le bébé se tortille, grimace, agite ses membres de manière désordonnée, tantôt les ramenant sur lui, tantôt les étirant, ses cris témoignent d'un sentiment de malaise. Ces pleurs s'installent autour de la troisième semaine, avec souvent une intensité à la sixième pour finir vers la dixième semaine. Ils se situent le plus souvent entre 18 et 19 heures. Il existe même des enfants qui pleurent quotidiennement, à heure fixe et à la minute près.

Les pleurs du soir seraient liés à une insuffisante maturité du système nerveux, il s'agirait d'une simple manifestation physiologique passagère et sans conséquence.

Le spleen du bébé est plus ou moins marqué et plus ou moins long selon les enfants. La cause de cet épisode de larmes en fin de journée est assez mal élucidée et les explications données par les uns et les autres, psychologues ou pédiatres, sont plus de l'ordre de la supposition que du diagnostic. Aucune raison médicale prouvée ne lui a encore été trouvée. Il existe simplement deux interprétations. Pour certains, c'est une manière d'expulser le trop-plein d'énergie accumulée tout au long de la journée, de nervosité due à la participation de plus en plus éveillée du bébé aux activités qui se déroulent autour de lui.

Au cours de sa journée, il a vécu dans un environnement de bruits (le ménage, le chien, la rue, la radio ou la télévision, les voix des personnes vivant à ses côtés). Il a dû s'adapter à des situations de séparation et de retrouvailles (la crèche, la nourrice...). Il a découvert la rue, le jardin, croisé d'autres visages que ceux qu'il connaît. Bref, les sollicitations ont été nombreuses. Elles lui ont d'abord semblé agréables, car les bébés aiment la nouveauté et le mouvement, mais, au fil de la journée, il les a subies et son système nerveux encore immature les a supportées de plus en plus difficilement.

Par ces cris, le bébé se décharge de ses tensions physiques et psychiques accumulées tout au long de la journée. Sa grande fatigue se traduit par un incroyable état d'excitation. Les parents constatent ce comportement tout particulièrement les jours où la famille a eu beaucoup de visites. Les voix inconnues, les odeurs nouvelles, les positions différentes de portage selon les bras des uns et des autres, les gestes maladroits, le bruit ambiant, les moments de repos écourtés sont autant d'éléments dérangeants dans la vie du nourrisson

PETIT CONSEIL

Il est indispensable de répondre aux cris d'un bébé. Faute de quoi, il pourrait croire que ses plaintes sont vaines et qu'il ne peut rien attendre de ses parents. Ne le laissez pas seul avec ses pleurs, essayez de lui donner un sentiment de sécurité dans vos bras et dites-lui que vous l'aimez malgré sa colère. Ne perdez pas patience et ne soyez pas inquiète, il finira par s'apaiser et même par s'endormir. Cette période de pleurs annonce des nuits plus calmes, une meilleure régulation des tétées qui vont devenir moins fréquentes et à heure fixe. C'est donc malgré tout une bonne nouvelle !

qui n'aspire qu'au calme et à la sérénité. Rien n'est donc plus normal que cet enfant submergé par tant de sollicitations manifeste sa fatigue par des cris et des larmes.

Pour d'autres spécialistes, ces cris témoignent de la sensation diffuse d'une insatisfaction de ses besoins, à moins qu'ils ne s'apparentent à la peur ancestrale de devoir quitter le jour pour l'ombre de la nuit. La tombée de la nuit rendrait les bébés mélancoliques. Ces bébés ne demandent pas forcément à être pris dans les bras, souvent la seule présence de leur mère, près de leur berceau, les rassure.

L'explication selon laquelle ces pleurs seraient dus à des coliques est de moins en moins retenue. En effet, le mode d'alimentation des enfants, au sein, au biberon, avec un lait 1er âge ou un lait de régime, n'a pas réellement d'influence sur ces cris de fin de journée. De plus, personne n'a pu expliquer pourquoi ces coliques apparaîtraient uniquement à cette période de la journée.

Votre premier geste va consister à vérifier que rien ne le gêne et qu'il n'a pas faim. Puis, vous pourrez essayer de le calmer en le portant contre vous. Un simple corps à corps a souvent un effet magique. Couchez-le sur votre épaule, le ventre appuyé sur l'arrondi, le bas du dos bien maintenu. Vous pouvez encore l'installer à cheval sur votre avant-bras, sa tête appuyée au creux de votre coude, votre main entre ses jambes. Dans cette position, balancez-le légèrement en le promenant dans la maison, évitez les pièces trop bruyantes et trop éclairées. C'est un peu de quiétude qu'il faut lui apporter avant tout.

PETIT CONSEIL

Vous pouvez encore l'asseoir sur vos genoux, son dos appuyé contre vous. Maintenez son dos d'une main et passez l'autre sous ses avant-bras. Vous pouvez aussi le porter dans un porte-bébé ventral tout contre vous. Parlez-lui à l'oreille, dites-lui que vous le comprenez et que vous l'aimez. Il y a de fortes chances qu'au bout de 5 à 10 minutes de manifestation bruyante, il se calme, parfois pour un court instant, retrouvant une autre phase d'agitation.

12 Mon bébé semble avoir beaucoup de mal à s'endormir ; avant, il se tortille et pleure souvent dans mes bras. Que faire ?

↘ L'entrée dans le sommeil est un moment délicat et demande donc un peu d'attention. Il est important, dès les premiers mois, d'établir un rituel du coucher. Petit à petit, et pour longtemps, votre bébé connaîtra toutes les étapes du cérémonial qui le conduit vers l'endormissement.

Tout commence souvent par le bain en fin d'après-midi, l'eau tiède apportant une certaine relaxation. C'est en pyjama que le bébé prend son « dîner », biberon ou tétée au sein. Encore quelques petits câlins, et il est l'heure de se coucher.

C'est la qualité des activités dans les moments de veille qui permet à l'enfant d'entrer avec plaisir dans le sommeil.

Le dernier change et l'installation dans la turbulette se font dans une chambre peu éclairée et avec des gestes doux. Proposez à l'enfant son doudou ou sa peluche favorite, fredonnez-lui une petite chanson douce, faites-lui un petit baiser sur le front et éloignez-vous sur la pointe des pieds. Si l'enfant pleure, ne cédez pas à ses appels, parlez-lui de loin pour qu'il sache qu'il n'est pas seul. Car ce que l'enfant craint le plus, c'est la séparation d'avec ceux qui l'aiment. L'enfant dort d'autant mieux que sa journée a été riche en expériences, notamment s'il a eu l'occasion de faire une promenade et, plus tard, quand il marchera, s'il a joué en plein air.

Avant de s'exprimer avec des mots, l'enfant montre sa fatigue et son envie de dormir avec son corps. Il ne joue plus, il se tasse dans son siège, il a le regard dans le vague, bâille parfois, geint plus qu'il ne pleure.

Il y a des gestes importants pour aider l'enfant à trouver le sommeil, mais d'autres sont à éviter si vous voulez vous aussi dormir. Par exemple, n'endormez pas votre enfant en le promenant dans vos bras ou dans sa poussette, ou encore en le mettant dans votre lit. Le nourrisson va s'habituer à ce rituel et considérer qu'il lui est indispensable pour s'endormir ou se rendormir à toute heure de la nuit. Épuisés, vous n'aurez alors pas d'autre choix que d'apprendre à votre bébé à s'endormir et à se rendormir seul.

PETIT CONSEIL

Plus le temps qui sépare l'enfant du coucher est vécu dans le calme et la douceur, plus il s'endormira facilement : les jeux, les chatouilles, les chahuts provoquent une excitation, un énervement que l'enfant ne peut apaiser facilement, même s'il est fatigué et a envie de dormir.

13 Un nourrisson connaît-il la douleur ?

↘ Le cri de douleur est caractéristique : il est bref et puissant d'abord, ce sont des pleurs inconsolables ensuite. Le bébé a le visage tendu, les jambes et les bras ramenés contre sa poitrine, tout son corps est crispé.

Si les parents ne réussissent pas à déterminer l'origine de la douleur, il est préférable d'appeler un médecin, notamment si les cris deviennent plus faibles alors que l'enfant est recroquevillé en position fœtale.

Longtemps, les médecins ont ignoré la douleur du tout-petit. Ils prétendaient que son immaturité cérébrale le mettait à l'abri de la transmission de cette sensation traumatisante et de son interprétation par le cerveau. On sait aujourd'hui qu'il n'en est rien et que les enfants qui pleurent à la suite de soins médicaux le font à la fois de peur et de douleur.

Certains spécialistes pensent même que la douleur du nouveau-né est plus intense que celle de l'enfant plus grand, justement en raison de l'immaturité de son système nerveux. Face à la douleur, le nourrisson ne pouvant pas s'exprimer par des mots, le fait par des pleurs, souvent associés à de la sueur, un visage très rouge et des mouvements désordonnés des membres.

Lorsque la douleur est insupportable, les pleurs s'arrêtent et l'enfant se met en position de repli. Il est prostré, plus rien ne l'intéresse, plus rien ne le réconforte. Pour l'enfant petit, comme pour le plus grand, c'est le même mécanisme qui se met en place dans la transmission de la douleur. Elle est véhiculée par le biais d'une molécule sensorielle qui reçoit le premier message, et le transmet au cerveau par l'intermédiaire des nerfs sensitifs vers la moelle épinière, puis vers le tronc cérébral et le thalamus.

La reconnaissance de la douleur chez le nourrisson permet la mise au point constante d'analgésiques de mieux en mieux adaptés à leurs besoins. Elle oblige les soignants, tant dans les actes simples que compliqués, à mieux la prendre en compte et à respecter totalement le petit malade. Ils savent d'ailleurs bien aujourd'hui en repérer les signes. Pourtant, si votre enfant souffre, ou doit subir un examen douloureux, n'hésitez pas à demander au médecin ce qu'il prévoit pour le soulager.

Depuis quelques années, un peu partout dans le monde, des équipes médicales mettent au point des « chartes » d'observation et de soins

PETIT CONSEIL

Les parents ont souvent beaucoup de difficultés à assister aux soins que l'on pratique sur leur bébé, même s'ils sont des plus banals. C'est pourquoi les soignants leur demandent souvent de s'écarter afin de ne pas transmettre leur tension à l'enfant qui panique, d'autant plus qu'il ignore ce qu'on va lui faire.
Mais rassurez-vous, l'acte médical sera pratiqué avec douceur et attention. Les soignants savent que la douleur se surmonte mieux si le petit malade est accompagné.

contre la douleur permettant des gestes de soins mieux adaptés, notamment lorsqu'il faut procéder à un prélèvement sanguin ou à une injection médicamenteuse. L'utilisation d'une pommade analgésique locale ou d'un patch anti-douleur rend supportable bien des prélèvements douloureux et des vaccinations difficiles. De plus, l'acte médical n'est plus vécu par l'enfant et ses parents dans le stress et la peur.

Supporter la douleur de son enfant est une des plus grandes difficultés que les parents ont à surmonter.

Quel que soit l'acte, il est préférable d'expliquer à l'enfant, même très petit, avec des mots simples, ce qui va se passer et de le rassurer sur l'effet recherché. Traiter la douleur chez l'enfant est d'autant plus important que celle-ci a des retentissements graves sur son développement psychique et cognitif. Un enfant, sidéré par la douleur, risque de rester dans cet état. C'est ce qu'autrefois on qualifiait d'hospitalisme : le monde environnant n'étant que source de douleur, il fallait s'en méfier et s'en extraire.

14 Nous avons entendu dire que les bébés pleurent particulièrement le troisième jour après leur naissance. Quelle en est la raison ?

↘ **C'est une constatation faite par un certain nombre de professionnels. Le nourrisson ne présente aucun symptôme particulier, il n'a pas faim et rien ne le gêne. Au petit matin, après avoir pleuré bruyamment toute la nuit, il s'endort profondément, laissant sa mère totalement épuisée.**

Toute la nuit, celle-ci a essayé en vain de le consoler. Il est étonnant de constater que ce troisième jour est aussi une phase difficile pour elle. La fatigue physique de l'accouchement s'éloigne, mais l'organisme maternel est en pleine révolution hormonale : le taux des hormones, qui jouent un rôle au moment de l'accouchement, chute, et celui des hormones de la lactation augmente rapidement. La mère est aussi en plein bouleversement psychique : elle découvre la réalité d'un bébé qu'elle avait jusqu'alors imaginé. Bien des questions envahissent son esprit : est-il en bonne santé ? N'aura-t-il pas un caractère difficile ? Comment s'organisera sa vie personnelle future et celle de son couple ?...

Elle traverse une phase dépressive, accentuée par l'inquiétude de ne pas comprendre pourquoi son bébé pleure et par l'impossibilité de pouvoir le consoler. Le troisième jour est marqué par une puissante montée des émotions qui aboutit souvent à une crise de larmes. Alors, les pleurs sont-ils contagieux ? Ce ne sont pas eux qui sont transmis mais les tensions et les émotions. Le bébé en totale symbiose avec sa mère sait qu'elle ne se comporte pas comme les autres jours. Il ne se sent pas en totale sécurité et pleure.

Tous les bébés et les mamans ne connaissent pas cet épisode de pleurs, heureusement !

PETIT CONSEIL

Ces pleurs n'ont aucune conséquence sur le développement psychique du bébé. Ils ne se renouvelleront sans doute pas et ne signifient surtout pas que ce bébé aura un caractère difficile. Les mères qui vivent mal cette nuit blanche ne doivent pas hésiter à demander aux puéricultrices de mettre leur bébé un peu à l'écart dans la nursery de la maternité. Souvent d'ailleurs, avant même que le bébé se mette à pleurer, les puéricultrices proposent aux mères cette solution sous prétexte qu'elles ont besoin de se reposer.

15 Est-ce vrai que les bébés souffrent particulièrement de coliques ? Celles-ci seraient la cause de bien des pleurs.

↘ Il est vrai que ces crises sont impressionnantes pour les parents, et douloureuses pour les enfants. L'inquiétude des parents repose sur leur sentiment d'être impuissants à soulager leur enfant. Heureusement, ces crises ne sont qu'un épisode passager dans la vie du tout petit bébé.

Elles sont considérées comme un grand classique des petits maux qui troublent la quiétude des enfants de moins de 3 mois. Elles surviennent généralement en fin de journée. Le nourrisson se met à pleurer de manière stridente, son visage devient rouge et grimaçant, son abdomen est ballonné et il émet des gaz. Il se tortille en ramenant ses jambes contre son ventre. Ces coliques peuvent durer plusieurs heures. On considère que le bébé souffre d'une colique lorsqu'il pleure plus de trois heures et plus de trois jours par semaine.

Quelle que soit la cause réelle de ce trouble, on constate qu'il disparaît comme par enchantement à la fin du troisième mois.

Le pourquoi de ces troubles a donné lieu à de multiples interprétations. On a d'abord pensé à de réelles perturbations digestives. Cette hypothèse s'appuie sur la constatation que ce sont les bébés nourris au sein qui semblent le plus en souffrir. Le lait maternel, riche en lactose, favoriserait les coliques en raison de l'incapacité des intestins du nouveau-né à l'absorber intégralement. Des fermentations se produiraient alors.

Cependant, vous ne devez pas confondre colique et diarrhée. La colique est une violente douleur abdominale et un bébé qui souffre de colique peut présenter des selles tout à fait normales. Par contre, l'émission d'une selle chez certains bébés peut être précédée de petits cris, susceptibles de devenir des pleurs. Ils agitent leurs bras et leurs jambes, et leur visage s'anime de grimaces. Ces difficultés ne sont que des problèmes d'adaptation du fonctionnement des intestins, qui ne durent généralement pas plus de deux semaines.

Mais attention, un bébé peut souffrir de constipation à l'origine de douleurs intestinales. La constipation se reconnaît par des selles dures ou par l'absence totale de selles pendant quelques jours. La consultation d'un médecin est alors indispensable.

Aujourd'hui, la thèse à la mode est celle d'une souffrance plus psychologique que physiologique. Pourtant, tous les spécialistes n'en ont pas la même interprétation. Pour les uns, le bébé exprimerait une difficulté de relation avec son entourage : maladresse de maternage, manque de câlins, vie trop trépidante. Pour les autres, ces coliques seraient la manifestation différée d'une souffrance maternelle au cours de la grossesse. L'enfant exprimerait de cette manière le trouble psychique de sa mère.

Si les signes persistent et deviennent difficilement supportables, il faut envisager une prise en charge spécialisée afin que ce symptôme n'entrave pas le bon développement ultérieur de l'enfant.

PETIT CONSEIL

L'enfant manifeste son déplaisir et son anxiété avec son corps. Il met tout le monde à l'épreuve en hurlant presque chaque jour comme si une douleur le tenaillait. Il faut considérer cette manifestation comme psychosomatique lorsqu'un examen médical a éliminé toutes les causes organiques. Ensuite, il s'agit de retrouver « l'accordage » et l'harmonie dans le duo mère-enfant. Le repérage de certains avatars dans la relation et une simple discussion peuvent faire disparaître tous les signes. Le bébé assistant à l'entretien, il est toujours étonnant de constater son attention lorsqu'on parle de ses maux de ventre.

Différentes techniques permettent dans la majorité des cas de le calmer. Vous pouvez lui mettre une bouillotte tiède sur le ventre, lui donner un remède homéopathique prescrit par le médecin ou encore le masser. Montrez aussi beaucoup de tendresse et de disponibilité. Vous constaterez ainsi que certains gestes, ou certaines positions, le calment. Le traitement des coliques du nourrisson est avant tout relationnel et le confort de vos bras est souvent le meilleur remède à ses pleurs intempestifs.

16 Que se passe-t-il si on laisse un bébé pleurer indéfiniment et dans une totale solitude ?

↘ Généralement, le nourrisson pleure pour appeler ses parents à l'aide, notamment s'il rencontre une difficulté qu'il ne peut surmonter seul. Ignorant la volonté de ses parents de ne pas lui répondre, ou même parfois leur absence, il ne comprend pas pourquoi ses cris restent sans réponse.

L'angoisse l'envahit, il s'énerve, il a de plus en plus chaud, la sueur perle sur son visage et une sensation de malaise l'étreint. Aux cris et à l'agitation de tous ses membres correspondent une accélération de son cœur et une dilatation des vaisseaux. Les dépenses de son organisme sont intenses. Ses spasmes vont devenir de plus en plus nombreux et son angoisse de plus en plus profonde. À cela, il faut ajouter les risques de déshydratation.

Lorsqu'un bébé pleure, il ne faut pas le laisser seul avec sa douleur et son angoisse.

Il est faux de croire que l'on rend un enfant capricieux en répondant à ses pleurs, notamment lorsqu'il a moins de 3 mois. De même, il est préférable de ne jamais laisser seul un bébé endormi, même pour quelques minutes. Un bébé qui dort tranquillement dans son berceau peut à tout moment se réveiller et se mettre à pleurer. Un bruit, un embarras gastrique, une petite fringale suffisent à le réveiller. Ses cris deviendront d'autant plus forts et angoissés qu'ils resteront sans réponse.

Plus le temps passe, plus l'enfant s'agite. Il peut alors être victime d'un spasme du sanglot. Celui-ci se manifeste par des pleurs incontrôlés, accompagnés de violents hoquets. Au paroxysme de la crise, l'enfant devient bleu, ses yeux se révulsent, il perd sa respiration et peut aller jusqu'à un évanouissement très bref. Quand il reprend conscience, les spasmes respiratoires sont terminés.

Les principales causes du spasme du sanglot sont l'angoisse, la frustration et la douleur. Il a toujours pour cible une personne à laquelle l'enfant est très attaché, souvent sa mère. Cette manifestation est impressionnante, mais sans conséquence sur le plan médical. Par contre, si les spasmes du sanglot se renouvellent souvent, demandez-vous dans quelles circonstances ils se sont produits et, si cela vous inquiète, n'hésitez pas à en parler à votre médecin.

PETIT CONSEIL

Il ne faut jamais laisser un bébé seul dans un appartement, même pour un temps très court, et même s'il dort à poings fermés. À tout moment il peut se réveiller et se mettre à pleurer. Il vaut mieux l'emmener avec soi dans son landau ou dans un porte-bébé. Là, il poursuivra son sommeil. Parfois, il est préférable de le confier à une halte-garderie ou à une baby-sitter.

17 Certains nourrissons pleurent plus que d'autres, peut-on en conclure à un trait de caractère durable ?

↘ Tous les bébés ne se ressemblent pas sur le plan du caractère et presque tous ont déjà, dès les premiers mois, un tempérament relativement affirmé. Il y a plusieurs grandes catégories de bébés : les actifs et les passifs, les hyper-sensibles et les excitables.

Les bébés vifs ont tendance à s'exprimer par des cris aigus qui montent vite en puissance. Ils s'agitent et tressaillent beaucoup en pleurant, et sont relativement difficiles à calmer car ils enchaînent les phases de pleurs et de tressaillements.

C'est à partir de 2 mois, quand les premiers gazouillis apparaissent, que les bébés pleurent moins sans raison apparente.

Ils ont beaucoup de mal à trouver leur pouce salvateur en raison de leur grande activité. Ce sont des enfants qui manifestaient déjà leur vitalité in utéro en bougeant beaucoup.

Les bébés calmes mettent plus de temps à pleurer bruyamment, mais pleurnichent plus longtemps. Par contre, ils semblent davantage aptes à se consoler tout seuls, en suçant leur pouce par exemple.

Les bébés très sensibles pleurent facilement à la moindre sollicitation inconnue : un bruit nouveau, un geste différent de la part de leur mère ou le passage de bras connus à d'autres qui le sont moins. Le bébé sensible se défoule par les pleurs, il libère son système nerveux dépassé. Ces bébés ont besoin d'être rassurés par le son de la voix de leur mère, de ne pas être trop sollicités et de vivre dans une atmosphère calme.

Bien évidemment, les premières impressions que donne un bébé à ses parents ont aussi une influence sur son caractère puisqu'elles servent de référence à la plupart des comportements de maternage. Mais attention, un comportement qui pourrait être qualifié de plus ou moins normal dans l'enfance ne peut prédire un caractère immuable à vie.

Toute la difficulté tient à ce que les parents sont inquiets dès que le comportement de leur bébé est différent de celui attendu. Les enfants qui dorment beaucoup préoccupent autant que ceux qui pleurent souvent. Autre difficulté des parents : accepter de ne pas toujours pouvoir faire face à une situation, et surtout ne pas culpabiliser à tout propos.

PETIT CONSEIL

Supporter les cris de son bébé parce qu'on est incapable de déterminer quelles en sont les causes est sans doute l'épreuve la plus difficile que rencontre une mère dans son nouveau métier.
Heureusement, avec le temps, votre bébé sera de plus en plus capable de gérer seul certaines situations, comme par exemple l'ennui, car vous aurez pensé à distribuer ses jouets dans son environnement. Il pleurera moins pour un oui ou pour un non, et vous aurez appris à communiquer avec lui.

Conseils pour consoler un nourrisson

La plupart des jeunes parents supportent difficilement les pleurs de leur bébé. Calmer ses cris est pour eux aussi important que de le nourrir. Voici quelques gestes d'apaisement que vous pouvez lui prodiguer.

› Des paroles douces et tendres

Bien sûr, un bébé de quelques semaines ne comprend pas les mots que vous murmurez à son oreille. Mais il reconnaît les voix de sa mère et de son père, leur timbre, leur rythme, leur amplitude. Pour lui, ce sont des repères qui lui rappellent le confort et la sécurité de sa vie utérine passée. Cette écoute mobilise une partie de son énergie et calme ses angoisses face à un monde qu'il découvre.

› Un massage

Tout en parlant à votre enfant, pratiquez un massage global puis ponctuel sur les mains, les pieds, le ventre, etc. Entre les massages des différentes parties du corps, revenez toujours à quelques effleurements de la totalité du corps.
Lorsque le bébé pleure, commencez le massage l'enfant sur le dos, face à vous.

1

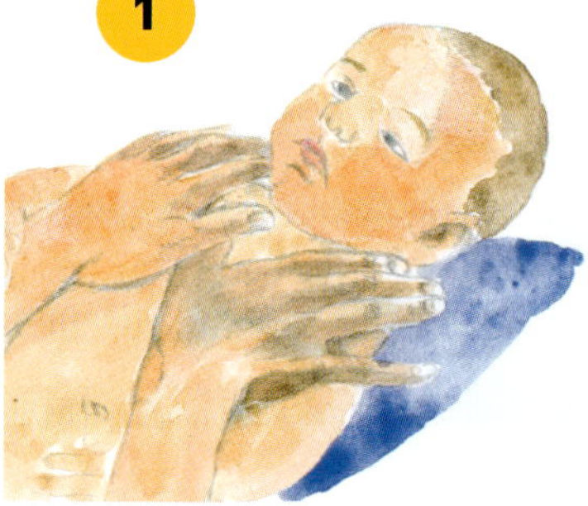

Faites glisser vos mains de part et d'autre de son cou en massant lentement les épaules et le haut des bras.

2

Faites glisser la main de l'épaule droite vers la hanche gauche et de l'épaule gauche vers la hanche droite en mouvement alterné et croisé.

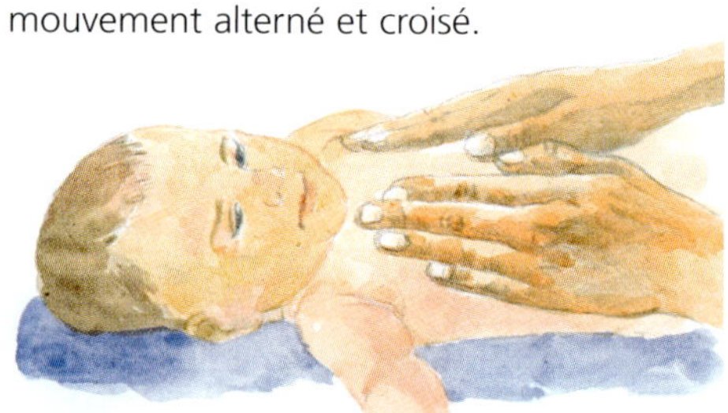

3

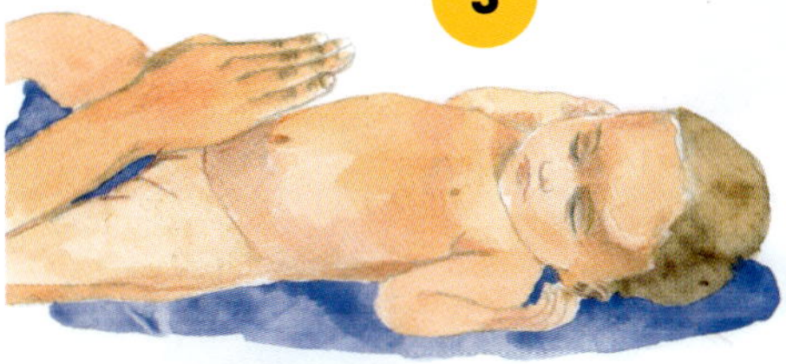

Massez doucement les petits plis de l'aine, vous allez sentir votre bébé se détendre et s'étirer.

5

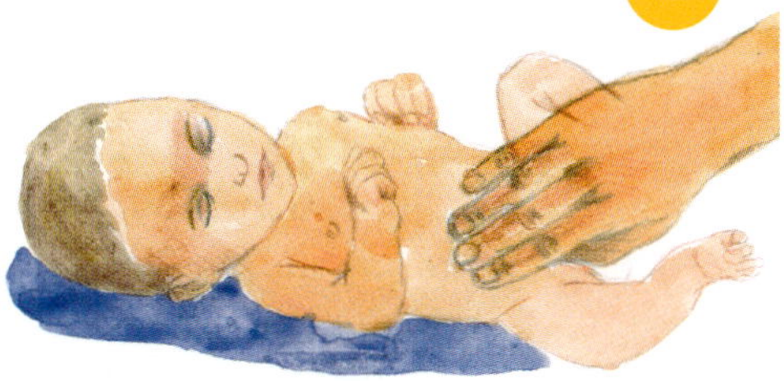

Massez le ventre en effectuant doucement des cercles à fleur de peau.

6

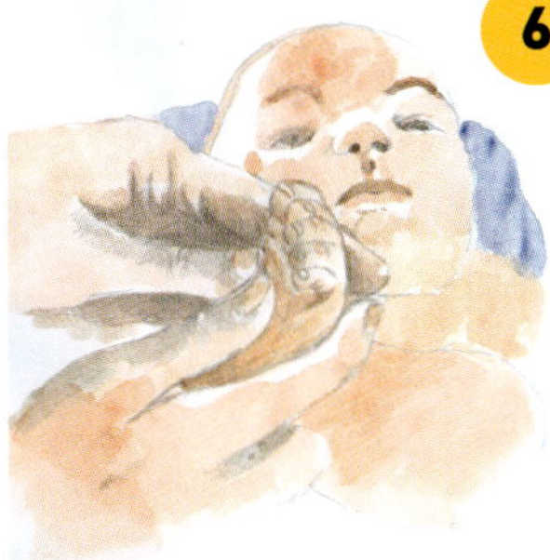

Décrivez des cercles sur chaque plante des pieds et massez doucement la cheville en un mouvement de va-et-vient.

4

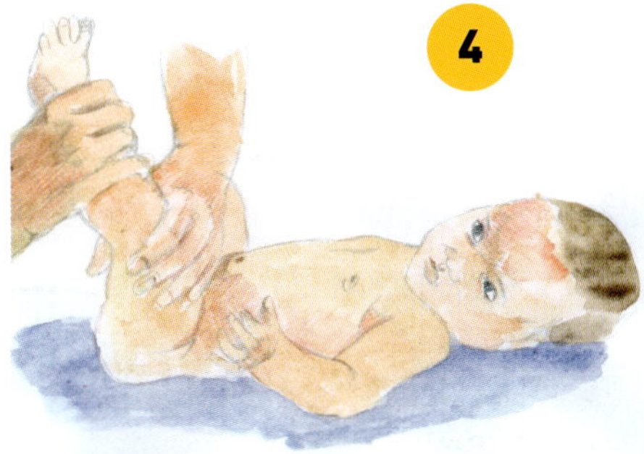

Faites glisser doucement la main de l'attache du genou vers l'extrémité du pied, puis inversez doucement le mouvement en faisant glisser la peau sous vos doigts.

7

Avec le pouce, massez la paume de la main, puis doucement les doigts, un par un.

Le bercement

C'est un geste naturel que même les petites filles font instinctivement avec leur poupée. Sa vertu calmante repose sur un phénomène simple : l'enfant règle sa respiration et son rythme cardiaque sur le mouvement de va-et-vient. Le bercement pour être efficace doit être lent et bien marqué. Il peut s'accompagner d'une berceuse dont la mélodie lente et répétitive ralentit le rythme cardiaque de l'enfant en pleine crise de larmes.

Les postures apaisantes

Vous pouvez :

- essayer la technique du docteur Brazelton : couchez l'enfant et croisez ses bras sur sa poitrine. Cette légère compression, accompagnée de paroles douces se révèle souvent efficace ;
- coucher le bébé sur votre épaule, le ventre appuyé sur l'arrondi, le bas du dos bien maintenu ;
- l'installer à cheval sur votre avant-bras, sa tête appuyée au creux de votre coude, votre main entre ses jambes. Dans cette position, balancez-le légèrement et promenez-le dans la maison ;

- l'asseoir sur vos genoux, le dos contre vous : tout en maintenant son dos d'une main, glissez l'autre sous ses avant-bras.

Le portage

Il peut aussi avoir des vertus calmantes. L'enfant, posé sur la poitrine de l'adulte, entend les battements de son cœur, sa respiration, le son de sa voix. Il perçoit aussi l'odeur de sa peau, de ses cheveux, sa chaleur protectrice. Le balancement de l'adulte qui marche le berce. Il se sent en sécurité et aimé.

Dans tous les cas, parlez-lui doucement, racontez-lui que vous l'aimez, qu'il va bientôt retrouver son calme et que sa douleur va disparaître.

La promenade en poussette ou en voiture

Le balancement du déplacement, le cocon de la nacelle de la poussette, ou celle de la voiture qui offre un espace bien cerné, la chaleur douillette d'une couverture donnent à l'enfant un grand sentiment de sécurité.

Le bain

Il a des vertus relaxantes bien connues mais il doit être donné dans un environnement le plus calme possible, et avec des gestes pleins de douceur. L'eau est à 37 °C, la salle de bains à 22 °C. Glissez l'enfant lentement dans l'eau, son corps se détend alors et flotte à la surface. Si le bébé continue à pleurer, n'insistez pas et sortez-le de l'eau.

Pour calmer les coliques

Vous pouvez :

- poser une bouillotte tiède sur son ventre ;
- lui donner une tisane calmante choisie avec les conseils de votre pharmacien ;
- lui administrer un remède homéopathique prescrit par votre médecin.

Se séparer, notamment
de sa maman, est une des
grandes difficultés d'un bébé
de cet âge. Alors, il pleure
pour manifester sa peur d'être
abandonné. C'est d'ailleurs
l'âge où s'installe la peur
en général, preuve
qu'il pense intensément.

De **6 mois** à **2 ans**

18 La poussée dentaire est-elle douloureuse et peut-elle être à l'origine des pleurs de notre bébé ?

Aujourd'hui, les médecins reconnaissent que la poussée dentaire chez le bébé est douloureuse. En fait, c'est l'inflammation de la muqueuse de la gencive, due à la poussée de la dent au travers des chairs, qui provoque une sensation douloureuse.

L'enfant la ressent tout particulièrement lorsqu'il est allongé car, dans cette position, la pression sanguine est plus forte, attisant la douleur. En soulevant légèrement le matelas du lit de l'enfant, elle devient un peu moins forte.

Il n'y a aucune raison de ne pas soulager cet enfant qui souffre par un peu d'aspirine et de paracétamol en dosage nourrisson, et en alternance. Vous pouvez y associer, si votre enfant pleure beaucoup, un traitement local médicamenteux ou à base d'huiles essentielles en massages, ceux-ci ayant déjà par eux-mêmes des vertus calmantes. Les huiles de thym, d'origan et de sarriette sont reconnues pour leur efficacité, tout comme le gel de calendula (préparation à demander en pharmacie).

PETIT CONSEIL

La poussée dentaire est parfois accompagnée d'un petit rhume qui gêne la respiration de l'enfant, notamment dans son sommeil. Vous pouvez, avant de coucher votre enfant, lui dégager les voies nasales à l'aide d'un mouche-bébé, mais n'en abusez pas.
La poussée dentaire provoque souvent chez le bébé un érythème fessier douloureux en raison de selles liquides et plus acides que d'habitude.
Des changes fréquents, des soins locaux à base d'éosine et de pommade spécifique viendront à bout de son érythème.

L'homéopathie est encore une solution avec des granules de *Chamonilla*, camomille allemande. Le médecin homéopathe vous indiquera la quantité et le CH selon l'enfant.

Il n'existe aucune preuve scientifique de l'existence et de l'intensité de la douleur de la poussée dentaire. Il se pourrait qu'elle soit de nature fantasmagorique. Il est bien connu que les dents mordent et dévorent, les ogres qui officient dans un bon nombre de contes sont là pour le prouver.

Vingt dents vont percer entre 6 mois et 2 ans et demi, il semble que ce sont les premières qui sont les plus douloureuses.

19 À 6 mois, notre bébé pleure toujours très souvent la nuit. Que pouvons-nous faire ?

↘ Il est temps de lui apprendre à dormir, seul dans sa chambre et dans le silence de la nuit. Normalement, l'enfant de plus de 4 mois n'a plus besoin d'un repas au milieu de la nuit.

S'il se réveille et est incapable de retrouver le sommeil sans un biberon, ce n'est pas pour cause de fringale, mais parce qu'il croit que, pour replonger dans le sommeil, il a besoin de ce palliatif. Si ses parents le laissent dans l'erreur, petit à petit, il ne fera plus la différence entre ses sensations de faim et de sommeil.

La technique pour retrouver le sommeil est simple mais quelque peu éprouvante. Heureusement, elle est efficace en un temps très court, il suffit tout au plus de deux à trois nuits. Au moment de l'endormissement, vous contrôlez que vous avez offert à votre enfant toutes les conditions pour bien dormir... Puis, vous le laissez retrouver seul son sommeil s'il se réveille au cours de la nuit.

Il va pleurer, sans doute beaucoup la première nuit, beaucoup moins la deuxième, pour se contenter d'un grognement la troisième. L'essentiel est que vous teniez bon.

Si, au bout de quelques nuits, ses pleurs n'ont pas cessé, si vous êtes trop angoissés, n'entrez pas dans sa chambre. Parlez-lui doucement derrière la porte, dites-lui qu'il n'est pas seul mais que c'est l'heure pour lui comme pour vous de dormir.

Aidez-le à distinguer le jour et la nuit. Dans la journée, laissez-le dormir à la lumière du jour, la nuit, fermez les volets.

Si c'est encore au-dessus de vos forces, approchez-vous de son berceau mais ne le prenez pas dans vos bras, caressez-lui doucement le front et les mains, essayez de lui proposer de téter son pouce tout en l'encourageant à se rendormir.

PETIT CONSEIL

Cette méthode n'est efficace que si les deux parents sont persuadés de son bien-fondé. Il ne doit pas y avoir de tension entre vous ni de manœuvre contradictoire de l'un de vous. Gardez votre calme, vous devez être persuadés de réussir cette éducation au sommeil, même si cela vous demande beaucoup d'efforts et si votre enfant a besoin de plusieurs nuits pour y parvenir. L'avenir de vos nuits à tous deux en dépend : certains enfants qui n'ont pas appris à retrouver seuls le sommeil peuvent s'engager dans des troubles du sommeil jusqu'à l'âge de 6 ou 7 ans. Cela vaut donc le coup d'essayer ! Le calme des parents rassure toujours l'enfant.

20 Notre enfant jusqu'à l'âge de 6 mois dormait bien mais, depuis quelques semaines, il se réveille souvent en pleurs. Pourquoi ?

↘ Un bon sommeil n'est pas acquis une fois pour toutes et pour toute l'enfance. Bien au contraire, certaines étapes dans le développement de l'enfant sont marquées par des troubles normaux du sommeil. Il faut même les considérer comme un bienfait puisqu'ils témoignent que l'enfant grandit.

Bon nombre d'enfants à 6 mois manifestent des difficultés à l'endormissement. Celui-ci devient plus long et peut parfois demander presque une heure, leurs cris sont des appels. L'explication du phénomène est simple : plus l'enfant grandit, plus son environnement l'intéresse ; plus il a conscience de la présence et de l'absence de ses parents, plus la séparation avec le monde des adultes pose problème.

Vous allez devoir faire comprendre à votre enfant qu'il doit apprendre à s'endormir seul. Voici comment vous pouvez procéder en douceur. Couchez votre enfant dans les meilleures conditions, donc en respectant le rituel établi depuis ses premières semaines. Laissez-le seul dans sa chambre. Si l'enfant pleure, attendez 5 minutes avant d'entrer dans la chambre.

PETIT CONSEIL

Vous procéderez ainsi le temps qu'il faut pour qu'il s'endorme seul. C'est un vieux savoir-faire, reconnu comme très efficace, même si les difficultés d'endormissement sont anciennes. Le temps d'attente entre les différentes interventions est modulable selon les parents, l'important étant qu'il s'allonge progressivement.

Ce temps écoulé, poussez simplement la porte pour lui dire calmement qu'il doit dormir et repartez. S'il pleure encore, attendez cette fois 10 minutes avant de recommencer la même manœuvre.

S'il pleure toujours, attendez 20 minutes, entrez dans la chambre pour voir si l'enfant ne souffre pas d'un problème particulier et repartez pour 20 minutes encore si besoin est.

Dormir seul est une des premières manifestations d'autonomie de l'enfant.

Si d'autres épisodes difficiles survenaient, il suffit de recommencer, l'enfant cherchant simplement à vérifier que les limites que vous lui imposez sont bien toujours les mêmes. Paradoxalement, les enfants qui n'aiment pas respecter les règles en ont besoin pour se sentir en sécurité psychique et pouvoir ainsi se construire. Il en est ainsi dans toute démarche éducative, notamment dans celle qui concerne le sommeil.

PETIT CONSEIL

D'une manière générale, entre 6 mois et 1 an, l'enfant dort un peu moins bien et semble plus sensible aux éventuels changements. La physiologie de son sommeil se modifie, le cerveau réduit naturellement le temps consacré au sommeil, et notamment la part de sommeil paradoxal, celui du rêve.
Enfin, certains enfants se réveillent au cours de la nuit et poussent des petits cris. Si leurs parents n'interviennent pas, ces enfants se rendorment alors spontanément.

21 Notre bébé de 6 mois vient d'avoir une place en crèche en cours d'année. Il semble connaître des difficultés d'intégration. À mon départ, il pleure beaucoup. Va-t-il s'habituer ?

↘ Normalement, pour qu'un enfant s'intègre sans difficulté à un mode de garde, il est préférable qu'il y entre dans les trois premiers mois qui suivent sa naissance. Malheureusement, les mères qui travaillent n'ont pas toujours le choix, il leur faut saisir toutes les opportunités.

À partir de 4 mois et jusqu'à 12 mois, le bébé traverse une période critique due à son développement psychoaffectif qui rend les séparations entre lui et sa mère problématiques.

Tous les modes de garde sont bons pour l'enfant ; c'est l'opinion qu'en ont les parents qui rend l'adaptation facile ou compliquée.

Les psychologues déconseillent généralement la mise en crèche à partir de 4 mois et demi car l'enfant commence à avoir une conscience aiguë de son environnement et des personnes qui lui sont familières. Changer ses habitudes perturbe son sentiment de sécurité. De plus, cette période est souvent celle du début du sevrage, un moment perturbateur qu'il est préférable de ne pas accentuer.

Un peu plus tard, vers 8 mois, l'enfant traverse une période où il a peur de toutes les personnes qui lui sont étrangères. Vers 10-12 mois, le moment n'est pas encore bien choisi car l'enfant est alors en pleine phase d'apprentissage de la marche. S'adapter à un nouveau milieu, tout en essayant de garder l'équilibre, peut représenter un effort difficilement surmontable pour lui.

Malgré tout, si des circonstances exceptionnelles vous obligent à confier votre bébé à des mains étrangères, soignez particulièrement les étapes d'intégration que proposent toutes les crèches. Avant que votre bébé soit gardé une journée entière chez sa nourrice ou à la crèche, vous effectuerez avec lui quelques visites de prise de contact.

Généralement, au cours des premières visites, qui durent peu de temps, vous restez avec lui ; quelques jours plus tard, le bébé reste seul avec la nourrice un court moment, puis un peu plus longtemps, pour enfin être capable d'une intégration à temps plein. Cette adaptation se programme sur une semaine.

Ces visites sont aussi l'occasion d'une rencontre entre la mère et la personne qui va s'occuper de l'enfant toute la journée. Chacune échange alors son point de vue sur les grands principes éducatifs et la maman peut poser toutes les questions qui la tracassent ; de son côté, la professionnelle de la petite enfance fait connaissance avec l'histoire de cet enfant.

PETIT CONSEIL

Rassurez-vous, il est rare qu'un enfant ne s'adapte pas au mode de garde que lui a choisi sa mère. Le plus souvent, c'est elle qui ne supporte pas la séparation, transmettant ainsi sa tension au bébé.
Parfois même, la mère peut éprouver une certaine jalousie envers la personne qui s'occupe de son bébé, lui « reprochant » de partager les mêmes émotions qu'elle et craignant que se tisse entre cette personne et son enfant un attachement trop fort à son goût.

22 Notre bébé n'a que 6 mois et il fait déjà des colères quand le soir nous le mettons au lit. Comment le calmer ?

↘ À cet âge, le bébé ne voit dans le sommeil que la séparation d'avec ses parents. Même s'il est fatigué, il manifeste son envie de rester auprès d'eux par des cris et des hurlements. En fait il lutte, surtout s'il est dans un état de surexcitation dû à des jeux trop stimulants physiquement ou émotionnellement.

Mais le coucher est aussi délicat lorsque l'enfant souffre d'un trop-plein d'énergie qu'il n'a pu satisfaire. Dans ce cas, programmez dans les jours suivants une sortie en plein air, même si le temps n'est pas très beau. L'air vif et les sollicitations de l'environnement vont satisfaire sa curiosité naturelle.

Les rituels du coucher vont durer bien des années. Ils font partie des plus beaux souvenirs d'enfance.

Pour l'aider à se calmer, donnez-lui un bon bain et organisez une séance de gros câlins dans une ambiance musicale douce. Surtout, ne précipitez pas le coucher. Au contraire, établissez une routine dont il connaîtra bien toutes les étapes.

Quand vous jugez qu'il est prêt à s'endormir, proposez-lui son doudou ou l'objet qu'il préfère, puis emmenez-le dans sa chambre en douceur et posez-le délicatement dans son lit.

C'est le moment d'une dernière petite comptine ou de mettre son mobile ou sa boîte à musique en marche. Au fil des semaines, il apprendra à reconnaître ces rituels comme ceux du coucher.

Ces repères sont d'autant plus forts que vous ne reviendrez pas dans sa chambre dès qu'il appelle.

Quand vous quittez sa chambre, dites-vous bien que vous ne devez plus céder à ses appels. S'il pleure, parlez-lui de loin, sans vous déplacer.

Votre manque de fermeté ne peut que rendre la séparation encore plus difficile.

23 Notre bébé de 8 mois pleure dès que je disparais quelques instants, je ne peux pas le confier à qui que ce soit sans que ce soit le drame. Que faire ?

↘ Tous les enfants passent par le stade dit de « la crise des 8-9 mois ». Ils ne supportent pas que leur mère s'éloigne ; ils ont peur de toute personne qui ne fait pas habituellement partie de leur environnement. Face à ces situations, ils réagissent par de véritables crises de sanglots.

Lors des premiers mois qui suivent la naissance, le bébé vit en symbiose avec sa mère : elle et lui ne font qu'un. C'est au bout d'une lente maturation de huit mois qu'il s'aperçoit, par leurs échanges et les informations que lui apporte l'environnement, que sa mère et lui sont deux personnes distinctes. Il acquiert, petit à petit, son autonomie, tout en restant très attaché affectivement à ceux qu'il connaît le mieux.

Mais cette première indépendance le plonge dans l'angoisse. Et si, tout à coup, il se retrouvait tout seul ? Une crainte d'autant plus forte que ce bébé est incapable d'imaginer que sa mère soit ailleurs. Il ne peut pas comprendre que, lorsqu'elle sort de son champ de vision et d'audition, elle va réapparaître.

Et comme la notion de temps lui échappe aussi, il éprouve une angoisse terrible. Si une personne étrangère tente alors de remplacer sa mère auprès de lui, il « projette » toute sa peur sur elle, au point que cela en devient une véritable phobie. Ce n'est pas seulement avec sa mère qu'il vit cet attachement extrême : père, frères, sœurs, grands-parents, « nounou » sont pour lui des êtres sécurisants qu'il n'aime pas perdre de vue. Cette peur de l'inconnu témoigne encore qu'il a franchi une étape importante sur le plan intellectuel : il connaît et reconnaît ses proches et sait distinguer leurs traits et leurs attitudes de ceux qui lui sont étrangers.

Pour éviter les drames, il est préférable d'éviter les départs et les retours brusques et fréquents. N'hésitez pas à prévenir l'enfant lorsque vous vous absentez, son intuition lui permet de comprendre au-delà des mots l'importance de la relation affective qui le lie aux siens. Enfin, si vous le pouvez, pensez à différer votre départ de quelques semaines pour éviter ce mauvais moment. À votre retour, vous serez peut-être surpris du peu de cas qu'il fait de vous : après les larmes de tristesse, vous attendiez des larmes de joie.

PETIT CONSEIL

Dans tous les cas, il faut tout faire pour entretenir l'enfant dans ses souvenirs en lui laissant des affaires personnelles, comme un foulard, un objet appartenant à celui ou à celle qui va le quitter quelque temps.

De même, le téléphone est un allié précieux qui lui permettra d'entendre la voix de sa mère ou de son père qui est loin.

Un bébé angoissé à 8 mois est un bébé qui se développe tout à fait normalement.

Et bien non. Il se peut même qu'il refuse que vous le preniez dans vos bras. C'est ainsi qu'il vous fait savoir qu'il n'a pas apprécié votre départ. N'hésitez pas à lui expliquer de nouveau les raisons de vos absences. Tout doucement, il reviendra vers vous pour de grands câlins de retrouvailles. Veillez encore à ne pas trop modifier votre aspect : un changement de coiffure ou le port soudain de lunettes peut complètement le dérouter. De même, il peut avoir quelques difficultés à accepter d'être pris dans les bras de membres de sa famille qu'il rencontre rarement.

Cette fameuse crise des 8 mois est en réalité la manifestation d'un progrès. À ce stade, l'enfant repère parfaitement que lui et sa mère sont des êtres différents. C'est par l'anxiété de l'autre qui s'approche que l'enfant devient sujet, il dit ainsi au monde qu'il est unique et irremplaçable.

PETIT CONSEIL

Au moment des séparations, prenez au sérieux ses larmes et expliquez-lui pourquoi vous vous éloignez, qui va s'occuper de lui en votre absence, et tout ce qu'il va faire sans vous. Insistez sur le fait que vous allez revenir, même s'il ne comprend pas les mots, votre ton proche et rassurant l'aidera à surmonter sa tristesse.

Cette période est fondamentale car elle marque aussi l'apparition des premiers mots ou tout au moins des premiers phonèmes : « pa papa, attends attends », du début de la préhension entre le pouce et l'index et des premières tentatives de la position debout.

24 Notre bébé pleure beaucoup lorsqu'il fait une otite. Pourquoi les otites sont-elles si douloureuses ?

↘ C'est l'affection considérée comme la plus douloureuse dans la petite enfance. L'otite aiguë est toujours la complication d'une rhinopharyngite, d'une angine ou d'une bronchite.

C'est une inflammation de l'oreille moyenne due à une infection bactérienne. Les virus et les bactéries pénètrent dans la partie de l'oreille située derrière le tympan, et provoquent ainsi une inflammation du tympan et de la muqueuse.

Cette otite congestive peut évoluer vers une otite purulente : un abcès se forme sous le tympan.

Aux médicaments destinés à traiter l'otite, le médecin ajoute un antidouleur. Parfois, toujours pour soulager la douleur, il peut prescrire des gouttes auriculaires.

La paracentèse, qui consiste à inciser le tympan pour laisser s'écouler le pus, logé derrière, est un acte excessivement douloureux. Heureusement, dès que la pression à l'intérieur de la caisse du tympan est supprimée, la douleur s'envole.

Mais c'est une intervention de moins en moins pratiquée, les médecins préférant dans la plupart des cas laisser faire la nature et le tympan se fendre de lui-même. Par contre, une otite se traite toujours par la prise d'antibiotiques.

Les enfants, dont les parents fument, sont de 10 à 20 % plus nombreux à faire des otites et à récidiver.

PETIT CONSEIL

Un enfant qui pleure beaucoup, qui porte parfois une de ses mains à son oreille, et qui a une infection ORL doit conduire les parents à consulter, afin que le médecin établisse un diagnostic précis par l'examen de ses tympans.
Votre enfant souffrira un peu moins si la tête de son lit est légèrement relevée. Glissez un oreiller sous le matelas et non directement sous sa tête. Ainsi, la pression dans l'oreille diminuera légèrement.

25 À 1 an, notre enfant a souvent des nuits agitées entrecoupées de crises de larmes. Qu'est-ce qui peut perturber ainsi son sommeil ?

↘ Comme l'adulte, le sommeil de l'enfant est sensible à un certain nombre d'agents extérieurs, notamment les bruits. Ce ne sont pas forcément des bruits très forts, mais plutôt inhabituels. Les circonstances du premier endormissement ont aussi beaucoup d'importance.

Ainsi, le bébé qui s'endort dans les bras de sa mère ou sur le canapé, bercé par le bruit de la télévision, risque d'être complètement désorienté lorsqu'il s'éveille au milieu de la nuit entre deux phases de sommeil : il ne trouve plus les conditions qui l'ont conduit au sommeil et les réclame naturellement.

On ne réveille sous aucun prétexte un enfant qui dort.

Attention encore à la surstimulation tout au long de la journée : l'enfant trop sollicité est fatigué, voire épuisé, et ne réussit qu'avec beaucoup de difficulté à retrouver le calme propice aux manifestations du sommeil.

Les tensions familiales ou les tristesses peuvent encore perturber son sommeil. En effet, il ressent une différence dans la manière dont ses parents s'occupent de lui, ils lui parlent moins, lui sourient plus rarement, le prennent peu dans leurs bras. Bref, le bébé, même tout petit, perçoit que quelque chose a changé mais comme il ne peut pas en comprendre la raison, il se sent moins en sécurité, plus anxieux et peut souffrir de troubles du sommeil.

Certains changements dans la vie quotidienne de l'enfant peuvent être la cause d'un mauvais sommeil. Il en est ainsi des vacances qui modifient les habitudes de toute la famille et apportent un autre décor environnant. Ce peut être aussi l'absence des parents pour un week-end, même si l'enfant est confié à la garde d'une de ses grands-mères qu'il connaît pourtant bien.

L'enfant peut être sous l'influence d'excitants comme dans le cas du tabagisme passif. Ainsi, quand ses proches fument, il inhale de grandes quantités de nicotine. Ou encore, s'il est toujours nourri au sein, la consommation par sa mère de café, de thé ou d'alcool apporte à son organisme les mêmes substances, mais à des doses plus importantes compte tenu de son poids.

Enfin, certains enfants souffrent de perturbations dans le rythme de leur sommeil en raison des obligations professionnelles de leurs parents. Ils sont, par exemple, réveillés au milieu d'un cycle de sommeil, pour cause de départ à la crèche ou chez la gardienne.

D'une manière générale, on parle sans doute abusivement de troubles du sommeil chez l'enfant, il s'agit là plutôt de troubles du réveil. Toutefois, les bébés, en raison de leur organisation neurologique, sont particulièrement doués pour se réveiller. La majorité d'entre eux se réveillent et se rendorment tranquillement sans que leurs parents s'en aperçoivent.

PETIT CONSEIL

Certains nourrissons appellent, manifestant par des cris leur besoin de contact. Ils désirent être rassurés sur la présence de leurs parents mais à distance. Ce sont votre calme et votre confiance qui donnent à votre bébé le sentiment de sécurité propice à son endormissement. Ne vous précipitez donc pas vers lui dès ses premiers cris ou à son premier grognement, l'enfant doit apprendre à se rendormir seul.

26 Lorsque mon enfant souffre, j'ai toujours en tête la même question : comment évaluer l'intensité de sa douleur alors qu'il ne peut pas l'exprimer ?

↘ Ce n'est pas avant 5-6 ans qu'un enfant est capable d'exprimer sa douleur par des mots. Avant, ce sont les cris, l'agitation, la pâleur du visage ou la sueur qui donnent l'alerte mais sans apporter d'indication sur l'intensité de la douleur, car la violence de ces troubles n'est pas proportionnelle à la souffrance.

Les nouveaux analgésiques à application locale devraient être présents dans toutes les pharmacies familiales pour soulager un enfant après une chute ou un doigt pincé.

Chez le tout-petit de moins de 6 mois, une évaluation est possible en observant la modification de sa fréquence cardiaque et respiratoire, celle de son comportement qu'il exprime par les mimiques de son visage ou l'attitude de son corps.

Depuis quelques années, il existe des « échelles d'évaluation » mises au point par des médecins : l'échelle de douleur et d'inconfort du nouveau-né (EDIN) ou le score de douleur aiguë du nouveau-né (DAN).

Ces échelles d'évaluation reposent sur des critères comme les pleurs, l'aspect du visage, les mouvements du torse et des membres, le sommeil, les capacités relationnelles de l'enfant mais aussi les possibilités de réconfort et de consolation. Dès que l'enfant est plus âgé, l'appréciation de la douleur devient plus facile. On présente à l'enfant malade des échelles graduées munies d'un curseur mobile et sur lesquelles il peut montrer l'intensité de ce qu'il ressent. Un peu plus tard, on dispose de tests de vocabulaire.

Il existe différents analgésiques qui agissent en fonction de la puissance de la douleur : ils sont classés par trois paliers. Les principaux représentants du premier palier calment les douleurs les plus fréquentes, ce sont l'aspirine et le paracétamol. Après 6 mois, le médecin peut prescrire un anti-inflammatoire en sirop ou en suppositoire. Les analgésiques de palier II traitent des douleurs un peu plus fortes et comportent de la codéine pour les enfants de plus de 1 an. Ces médicaments se présentent le plus souvent sous la forme de sirops. Les produits de palier III sont puissants et utilisés dans les hôpitaux pour lutter contre les douleurs intenses et rebelles. On trouve dans cette catégorie la morphine.

PETIT CONSEIL

Tout mettre en œuvre pour lutter contre la douleur des bébés, c'est ce que rappellent aux médecins l'ensemble des académies de médecine. En effet, non soignée, la douleur prolonge la maladie. Elle doit même être prévenue puisque l'on sait qu'elle est renforcée par la peur. Aujourd'hui, grâce aux médicaments existants, la douleur peut être atténuée dans 70 % des cas.

27 Son doudou le suit partout et, dès qu'il n'est plus à sa portée, ce sont des larmes. Pourquoi cet objet a-t-il autant de place dans sa vie ?

↘ Les psychologues donnent à cet objet un nom bien moins drôle : objet transitionnel. Les enfants, eux, le baptisent parfois de noms rigolos comme « nannan », « fanfan » et autres « nono ».

Cet objet, le plus souvent un morceau de tissu ou une peluche, a des vertus étonnantes, il calme les peurs, les chagrins et les douleurs. Son usage est le plus souvent associé au pouce ou à la sucette.

Cette étoffe est presque toujours en rapport avec le lit puisqu'elle sert aussi à trouver le sommeil en toute quiétude. En fait, ce qui la caractérise, c'est sa douceur et sa capacité à capter un grand nombre d'odeurs. D'ailleurs, sa première utilité est d'être respirée et frottée doucement sur le nez ou la joue.

Certains enfants aiment les doudous propres à condition qu'ils soient lavés toujours avec la même lessive. Mais le plus grand nombre n'apprécient que les doudous « sales », ceux qu'ils ont traîné derrière eux pendant plusieurs jours. Ces doudous ont fait le plein de toutes les odeurs familiales : un peu du parfum de maman, un peu de celui de papa et, pourquoi pas aussi, celle du chien de la maison. Lorsque l'enfant respire son doudou, c'est une inhalation de bonheur : l'enfant est aussitôt rassuré et il a le sentiment d'être aimé.

Le célèbre pédiatre et psychanalyste anglais Donald Winnicott a le premier analysé pourquoi cet objet est si important dans la vie des enfants. Jusqu'à l'âge de 6 mois, le bébé ne fait pas bien la différence entre lui et sa mère : il est en symbiose totale avec elle. Peu à peu, il va prendre conscience qu'elle peut être présente mais tout à coup disparaître. Il n'aime pas qu'elle s'en aille mais que peut-il y faire ?

PETIT CONSEIL

La vie de famille avec un doudou n'est pas toujours simple. Vous pouvez hériter d'un doudou qui, esthétiquement, ne vous plaît pas vraiment ou qui se perd tout le temps. Mais ce que vous aurez souvent le plus de mal à supporter, c'est sa saleté. Rassurez-vous, les doudous ne sont pas des transmetteurs de virus ou de maladies contagieuses pour la bonne raison que, même entre amis très unis, c'est un objet qui ne se prête pas ! Pourtant il faut bien le laver de temps en temps. Dans ce cas, deux solutions : soit vous possédez deux doudous identiques et lorsque l'un est au lavage, l'autre est en fonction, soit vous proposez à l'enfant d'assister à son lavage ou même, s'il est assez grand, de le laver lui-même.

Il devient alors rassurant pour lui d'avoir constamment à ses côtés un objet familier sur lequel il aura toute-puissance. Il servira à exprimer quantité de sentiments.

Cet objet deviendra, petit à petit, presque aussi important que sa mère et il la remplacera assez bien dès qu'elle s'éloignera, ou lorsqu'il y aura des petits conflits entre eux deux. Mais il sera aussi très utile lors des moments de fatigue ou de contrariété, il l'aidera à récupérer. C'est pourquoi il est instamment recommandé de glisser le doudou dans la valise d'un enfant qui part sans sa maman en vacances, ou qui doit séjourner à l'hôpital pour une intervention ou des soins. Aujourd'hui, les doudous sont acceptés en milieu hospitalier et même de plus en plus à l'école.

Souvent choisi vers 6 mois, le doudou accompagne les enfants jusqu'à l'âge de 3-4 ans, parfois jusqu'à 6 ans pour les plus accrocs.

28 Qu'est-ce que le spasme du sanglot et comment y faire face ?

↘ Extrêmement spectaculaire, celui-ci se manifeste par une perte de connaissance à la suite d'une colère, d'une frustration, d'une peur ou d'une douleur. Ce n'est pas une maladie et ce symptôme, bien qu'impressionnant, ne signifie rien de grave ; 5 % des enfants en seraient victimes.

Le spasme du sanglot a toujours une cause psychologique. Il démarre par des pleurs violents, l'enfant hurle et trépigne et son souffle devient de plus en plus court. La phase expiratoire se prolonge de seconde en seconde, généralement silencieuse. L'enfant a la bouche grande ouverte, mais rien n'en sort.

Petit à petit, son visage devient bleu, de plus en plus, jusqu'à l'apnée. Si celle-ci se prolonge, l'enfant perd connaissance, s'effondre, son corps devient complètement mou et ses yeux sont révulsés. Cette syncope dure généralement quelques secondes, puis l'enfant reprend son souffle et sa conscience. Elle se prolonge parfois avec des mouvements anormaux des mains et des pieds. Mais rassurez-vous, l'enfant reprend toujours connaissance.

Le spasme du sanglot se produit le plus fréquemment entre 18 mois et 2 ans, mais disparaît vers l'âge de 6 ou 7 ans.

Il existe une autre forme de spasme du sanglot dite « pâle ». Une frustration en est souvent la cause. L'enfant devient pâle et perd connaissance sans un cri. Il s'agit d'une syncope par arrêt cardiaque. Comme dans le spasme du sanglot « bleu », l'enfant reprend rapidement connaissance. Sachez que ces manifestations se produisent plutôt « en public », ou en présence d'une personne que l'enfant sait anxieuse ou dont il veut capter l'attention. Dès la première crise, consultez un médecin afin qu'il établisse un diagnostic précis, éliminant les convulsions, la crise d'épilepsie, le malaise vagal ou la syncope cardiaque.

PETIT CONSEIL

Avant tout, vous ne devez pas paniquer. Transportez l'enfant dans un lieu calme et isolé, mettez-lui un peu d'eau fraîche sur le visage. Si vous ne voulez pas qu'un tel incident se reproduise, ne donnez pas trop d'importance au premier épisode car votre enfant comprendrait bien vite qu'il tient là un moyen facile de vous faire céder à ses exigences. De même, évitez de le surprotéger pour cette raison. Quand il reprend connaissance, ne vous montrez pas impressionnés.

29 Notre enfant se met à pousser des cris terribles dès que nous arrivons chez le médecin. Comment le calmer ?

↘ L'expérience aidant, votre enfant sait que ces visites chez le médecin sont souvent désagréables. Même s'il n'a pas été malade, les visites de routine pour les vaccinations, les examens de simple contrôle, lui ont appris qu'il devait supporter certaines manipulations plus ou moins douloureuses.

La plupart des bébés détestent notamment que le médecin examine leurs oreilles, leur gorge, qu'il tire sur leurs jambes pour les mesurer, et même qu'il pose le disque froid de son stéthoscope sur leur poitrine. Certains se mettent à pleurer dès que l'on commence à les déshabiller, ils ont ainsi l'impression de perdre un peu d'eux-mêmes. Tous les enfants petits sont sujets à ce que les psychologues appellent « l'angoisse de morcellement », la peur de quitter ses vêtements en est une manifestation.

C'est vers 8-9 mois que les consultations sont les plus « animées » : à la crainte des soins s'ajoute la peur de l'étranger.

Même si ce n'est pas d'une efficacité immédiate, il est souhaitable de dire à l'enfant dès qu'il quitte la maison où il va et pourquoi. Racontez-lui simplement et de manière rassurante ce que le médecin va faire. Mettre des mots, même sur ce qui est difficile, diminue les craintes. Au fil des années, il comprendra que ces rendez-vous médicaux sont réguliers et inévitables.

Vous pouvez encore le préparer à l'examen en lui montrant sur son ours en peluche les gestes que va pratiquer le médecin et en lui offrant, dès 2 ans, une panoplie de docteur qui lui permettra de soigner tous ses jouets.

Évitez encore de présenter le médecin comme un redresseur de torts avec des menaces du genre : « Si tu ne mets pas ton pull ou tes chaussures, tu seras malade et tu devras aller chez le docteur pour qu'il te fasse une piqûre. »

Lorsqu'un enfant pleure beaucoup dès qu'il est posé sur la table d'examens, un grand nombre de médecins examinent l'enfant sur les genoux de sa mère. Si votre médecin ne vous le propose pas, faites-en la suggestion. Les pédiatres savent très bien que leurs petits patients sont curieux de tout, et ils ont souvent dans leur cabinet des petits jouets qui s'avèrent de merveilleux dérivatifs. Mais certains enfants préfèrent jouer avec le stéthoscope ou avec quelques abaisse-langues. De même, l'enfant va se détendre si le médecin lui parle avant, pendant, et après l'examen, et lui explique ce qu'il fait. Il est important aussi qu'il voie ses parents tout à côté de lui, lui tenant la main si besoin est.

Dernières précautions : n'oubliez pas le doudou et prévoyez pour après un bonbon ou un petit gâteau, il récompensera l'enfant qui s'est montré raisonnable et consolera celui qui n'a pas réussi à dominer ses émotions. La réaction de peur lors des visites médicales peut persister des mois, et ne s'estompera que progressivement. Par contre, elle n'est pas traumatisante si l'enfant se sent entouré par ses parents.

PETIT CONSEIL

N'hésitez pas à changer de médecin si vous n'avez pas établi avec lui une relation de confiance. Comment voulez-vous que ces consultations ne soient pas stressantes pour votre enfant si vous êtes tendue dès que vous pénétrez dans son cabinet ? Le bon médecin est celui que votre bébé intéresse, qui est passionné par vos observations, qui vous aide à résoudre vos difficultés et appelle votre enfant par son prénom. Pédiatre ou généraliste, chacun a ses qualités : le premier est un spécialiste de l'enfant et de son développement, le second, surtout s'il suit toute la famille, connaît les antécédents familiaux et le milieu où vit l'enfant. Le premier ne se déplace pas souvent à domicile, le second toujours.

30 Il est impossible de faire un shampoing à notre enfant sans qu'il se mette à pleurer. Que pouvons-nous faire ?

↘ Souvent, vers 1 an, cet acte simple d'hygiène devient plus difficile à faire accepter par l'enfant. Il refuse qu'on lui mouille la tête, ne veut pas s'allonger pour mettre sa tête dans l'eau. Quand il était tout petit, vous n'aviez pas de difficulté, il était malléable et confiant.

Ses craintes reposent peut-être sur une mauvaise expérience antérieure : il a senti alors la main qui lui soutenait la nuque moins sûre, l'eau qui coulait sur son visage l'aveuglait, elle était froide ou trop chaude, le jet de la douche lui a fait peur et puis surtout, le shampoing lui a piqué les yeux.

Vous allez devoir transformer ce moment en jeu afin qu'il reprenne confiance, car ses pleurs ne sont pas des manifestations de caprice mais bien de peur panique.

PETIT CONSEIL

Sachez que pour les enfants désespérément effrayés par les shampoings, il existe des chapeaux spéciaux dont les larges bords protègent leurs yeux et leurs oreilles de l'eau.
Gardez votre calme, petit à petit, votre enfant comprendra que ce geste d'hygiène est pour lui sans aucun danger.

Montrez-lui d'abord que vous aussi vous vous lavez la tête et que c'est donc un geste d'une grande banalité. Utilisez un shampoing « spécial bébé » dont la composition respecte la nature de son cuir chevelu et est spécialement étudiée pour ne pas piquer les yeux. Montrez-lui les coiffures rigolotes que l'on peut faire avec la mousse, laissez-le se frotter lui-même et, pour rincer, agissez en douceur.

Vous pouvez utiliser une petite bouteille d'eau dont vous laisserez couler doucement le contenu sur sa tête, proposez-lui de la remplir au robinet et de se la verser lui-même sur la tête. Cette technique est moins agressive que le jet de la douche

Le gant sur le visage ne protège pas vraiment de l'eau, mais il rassure.

31 Depuis quelques semaines, notre bébé de 1 an, qui ne pleurait pas lorsque je le laissais à sa nounou, a beaucoup de difficulté à me quitter. Pourquoi ?

↘ Les séparations deviennent plus difficiles à cet âge car l'enfant commence à comprendre qu'il a une certaine autonomie. Il l'apprécie, et tout à la fois la redoute. Pour bien supporter la séparation avec sa mère ou son père, l'enfant doit avoir acquis un attachement psychique.

Cela veut dire qu'il est capable de garder un lien fort avec ses proches alors qu'ils sont loin de lui. C'est ce qui explique que ses pleurs ne vont pas durer, l'enfant va même prendre plaisir à jouer avec les autres enfants et aura une bonne relation affective avec la personne qui le garde.

Ses pleurs sont une manifestation de frustration, l'enfant montre que cette séparation ne lui plaît pas. En effet, le bébé est un être essentiellement égocentrique et sa mère lui appartient. Aussi est-ce tout à fait normal qu'il considère qu'il n'a pas assez de câlins et de caresses, qu'il en réclame à grands cris. Certains enfants semblent plus difficiles que d'autres. Il ne faut pas voir là un comportement pathologique, tout au contraire. Plus on a besoin de sa maman, mieux plus tard on s'en séparera. La séparation est une épreuve que l'enfant manifeste par des cris, mais qu'il est capable de surmonter.

Toutefois, la difficulté majeure de cette situation tient plutôt à la réaction des parents. Ils doivent croire en la capacité de leur enfant à faire face à leur départ. Certains d'entre eux sont incapables de supporter les pleurs de leur enfant, ils en éprouvent une réelle appréhension. Ils vont vouloir consoler l'enfant, rester encore quelques instants avec lui, ils lui font une quantité de promesses.

Leur difficulté à s'éloigner renforce la tristesse de l'enfant qui se dit qu'il a peut-être le pouvoir de changer leur décision : il hurle de plus en plus, s'accroche à leurs vêtements et la séparation prend des allures de déchirement. Les parents doivent aussi apprendre que l'enfant existe par lui-même et que grandir c'est être capable de ne pas vivre en permanence avec ses parents.

Ne dissimulez pas votre départ, il pleurera tout autant et en outre n'aura plus confiance en vous.

PETIT CONSEIL

Lorsque vous quittez la maison pour l'emmener à la crèche collective ou familiale, expliquez à votre enfant que vous allez devoir vous séparer car vous allez travailler, que vous le retrouverez dans quelques heures. Mettez l'accent sur toutes les activités intéressantes qui l'attendent.
Au moment de la séparation, dites-vous au revoir, embrassez-le, souhaitez-lui une bonne journée et quittez les lieux rapidement en lui lançant un « à ce soir ». S'il pleure, laissez sa nounou le rassurer. Normalement, les pleurs devraient disparaître au bout de quelques jours si vous êtes persuadés du bien-fondé de le faire garder. Les enfants n'ont pratiquement jamais de difficulté d'intégration à un mode de garde, à condition que leurs parents soient convaincus qu'il y est heureux.

32 Les repas sont devenus un enfer. Comment y remédier ?

↘ C'est souvent vers 18 mois que commencent les véritables difficultés. L'enfant se met à chipoter dans son assiette, il ne veut pas manger, ses parents s'énervent, notamment sa mère qui vit ces refus comme une défaillance de son rôle nourricier.

Attention, n'insistez pas trop, il peut aller jusqu'au vomissement, l'émotion est alors à son comble.

Les parents essaient de forcer l'enfant à avaler son repas, celui-ci se braque, ferme la bouche, tourne la tête et proteste à grands cris. Plus les parents sont anxieux, plus l'enfant le ressent et son simple manque d'appétit se transforme en malaise. Ce comportement est la manifestation d'un conflit relationnel entre parents et enfant. C'est aussi le résultat de deux étapes de développement.

Il semble qu'à cette période, l'enfant manque d'appétit. Il est occupé à marcher et à découvrir tout ce qui l'entoure, le plaisir de la table passe après le plaisir de la marche. C'est en outre le moment de la phase normale d'opposition : il dit « non » en permanence, et à tout, donc aussi à la nourriture. Cet enfant est en pleine acquisition d'autonomie et marque son indépendance par le refus. Qui plus est, refuser la nourriture est aussi une façon pour lui de s'opposer.

La composition des menus a aussi son importance. Elle peut tourner au casse-tête car l'enfant peut rejeter une certaine monotonie tout en s'opposant aux nouveautés. À 2 ans, un enfant sur quatre aborde les nouveaux aliments avec crainte, et même ceux qui étaient jusqu'alors acceptés peuvent être recrachés avec dégoût, c'est notamment le cas des légumes.

Il est recommandé de lui proposer des petites quantités d'aliments, de le faire manger à heures régulières et d'éviter au maximum qu'il s'habitue au grignotage et aux sucreries en tout genre. Enfin, il peut aussi vouloir changer l'ordre des repas, allant du sucré au salé. En fait, il teste la volonté de l'adulte.

Dans ce domaine, plus que dans tout autre, jamais l'enfant ne doit être forcé. Les difficultés alimentaires servent souvent à cacher le plus souvent d'autres problèmes plus ennuyeux, qui signent de mauvaises relations. En effet, devant la crispation de son entourage, l'enfant comprend qu'il tient là un fantastique moyen de pression qu'il va s'empresser d'utiliser de plus en plus souvent, et avec de plus en plus de force.

Si vous voulez éviter les situations trop dramatiques, mieux vaut ne pas vous obstiner en tenant compte avant tout de la courbe de poids de l'enfant. Supprimez les plats qui posent problème et laissez l'enfant faire son choix dans ce que vous lui proposez. Renouvelez vos essais, mais toujours sans contrainte.

PETIT CONSEIL

Un plat refusé ne doit pas être remplacé, vous devez partir du principe que s'il ne mange pas beaucoup lors d'un repas, il se rattrapera au suivant. Dans la plupart des cas, c'est le meilleur moyen de désamorcer les conflits. Soyez patiente, petit à petit, il se remettra à manger de tout s'il partage ses repas avec tous les membres de la famille. Souvent aussi, tout rentre dans l'ordre lorsque le père prend les choses en main au moment où apparaissent les premières difficultés.

33 Notre enfant qui commence à marcher fait beaucoup de chutes. Comment le consoler ?

↘ Les chutes font partie du dur apprentissage de la marche. La plupart d'entre elles ne provoquent pas réellement de larmes. Si votre enfant pleure, c'est de rage, celle de ne pas avoir été capable de poursuivre son exploit. D'ailleurs, si vous le prenez dans vos bras, il crie, car ce qui l'intéresse c'est marcher !

Généralement, le coup porté à la tête lors d'une chute déclenche les larmes de votre enfant. Elles se justifient un peu sans doute par la douleur, mais essentiellement par la peur. Le soin que vous apporterez à soigner sa douleur va le réconforter : un peu d'eau fraîche, voire un glaçon sur la bosse, calme les premiers élancements, l'arnica en gel ou en pommade suffit généralement à atténuer le gonflement. Vos bras et un gros câlin atténuent sa peur.

Mais ce n'est pas forcément au moment de l'apprentissage de la marche que les chutes sont les plus fréquentes et les plus graves, les garçons âgés de 2 ans environ en sont les principales victimes. En effet, c'est le moment de toutes les expériences : les escaliers, les échelles, les

PETIT CONSEIL

Lors des premiers pas, éliminez de son environnement les tapis. Ils glissent, roulent et entraînent l'enfant vers la chute. Barricadez aussi les escaliers, car même s'il les monte sans difficulté, il sera incapable de les descendre. Apprenez-lui à descendre à quatre pattes. Évitez encore les chaussons à semelles glissantes et écartez les tables basses aux coins dangereux. Plus tard, montrez-lui que le danger est le même, toute proportion gardée, pour les petits comme pour les grands. Il comprendra ainsi mieux vos interdits et n'assimilera pas l'accident à une punition.

tabourets, les tables offrent quantités d'occasions d'escalades qui se finissent parfois dans la douleur. S'il s'est fait mal, consolez-le bien sûr, mais profitez de l'occasion pour l'éduquer au danger en lui expliquant pourquoi il s'est blessé. Il apprendra la relation de cause à effet et, dans une situation proche et imprévue, vous pouvez espérer qu'il aura le bon réflexe.

Ne lui dites pas que ce n'est rien, il a mal. Un gros pansement fera sa fierté : c'est un héros.

Attention, une chute peut être grave si elle est suivie de vomissements, de saignements du nez ou d'une oreille, d'une perte de connaissance ou de l'impossibilité de bouger un membre. Toute manifestation anormale doit être signalée au médecin. Les chutes sont aussi à l'origine d'écorchures et de coupures qui doivent être désinfectées et protégées par un petit pansement adhésif.

34 Il lui arrive encore de temps en temps de se réveiller en pleine nuit. Est-ce normal ?

↘ La deuxième année est riche en nouvelles acquisitions : motricité de plus en plus autonome, explosion dans le domaine du langage, prémices du contrôle des sphincters. Si votre enfant est surexcité par tout ce qu'il veut apprendre et dominer de mieux en mieux le jour, il semble que la nuit il traverse une phase régressive.

Il réclame alors souvent la présence d'un de ses parents comme lorsqu'il était plus petit. Ne vous inquiétez pas, ces réveils nocturnes sont passagers et rarement réguliers. Après l'avoir rassuré les premières fois, laissez votre enfant retrouver seul son sommeil, faute de quoi il peut considérer votre présence comme indispensable… tous les soirs !

Il semble que les réveils nocturnes sont relativement fréquents à cet âge. Certains enfants se réveillent après minuit avant d'entrer dans un nouveau cycle de sommeil.

Selon les études, 40 à 60 % des enfants de 18 mois « dorment » avec une interruption par nuit, et 20 % avec plusieurs réveils. Heureusement, tous ces enfants n'ont pas besoin de leurs parents pour se rendormir, ils restent éveillés, les yeux grands ouverts dans la nuit, jouent un peu avec leur couverture ou leur doudou et finissent par se rendormir tout seuls.

Vers 2 ans, l'enfant traverse une phase d'opposition : il dit « non » à tout. Cette nouvelle acquisition peut avoir des répercussions sur son sommeil.

PETIT CONSEIL

Lorsque l'enfant ne réussit pas à se rendormir seul, les parents doivent aller le rassurer : il faut alors le recoucher, lui donner un petit baiser sur le front et lui demander de se rendormir puisque c'est le moment où toute la maisonnée est endormie. Si cette première intervention ne suffit pas, appliquez le programme d'interventions progressives destiné aux bébés (p. 52). Montrez-vous fermes dans votre discours, l'enfant doit être persuadé que vous resterez sur vos positions : il doit dormir dans son lit.

35 Presque du jour au lendemain, il nous semble que notre enfant se met à avoir peur du noir. Pourquoi ?

↘ C'est un grand classique parmi les peurs que rencontrent les enfants. Il y a l'obscurité par elle-même mais aussi tout ce que l'enfant imagine, tapi dans l'ombre. Il est bien connu que dans les ténèbres naissent les brigands, les sorcières et tous les animaux dévorateurs. La nuit signifie encore pour lui la solitude.

Les contes de fées terrifiants, racontés juste avant de s'endormir, ont paradoxalement le pouvoir de protéger des phobies, ces peurs irraisonnées et difficilement maîtrisables.

Ces angoisses nocturnes sont à l'origine des cauchemars, prolongements déformés de la vie diurne. L'enfant est d'autant plus effrayé qu'il est incapable de faire la différence entre ce qui est du domaine du vrai et de l'imaginaire.

Quelques précautions peuvent aider votre enfant à dominer sa peur du noir. Vous pouvez par exemple lui laisser une veilleuse, ou ouvrir tout simplement la porte sur le couloir allumé. N'ayez aucune crainte que s'installe une mauvaise habitude, car ce besoin passe tout naturellement avec l'âge. Montrez-lui simplement que vous, ses parents, et tous les « grands » de la maison dorment dans l'obscurité. Alors, pourquoi pas lui dont l'ambition est de devenir grand ?

Il est indispensable aussi qu'il fasse connaissance avec son environnement nocturne, car l'enfant se trouve dans un monde inconnu. Pourquoi ne pas lui proposer une promenade dans la maison endormie. Passez de pièce en pièce en lui signalant les choses et les êtres familiers.

Montrez-lui par la fenêtre les autres maisons endormies, sans lumière, le calme de l'environnement, en lui parlant doucement. Attention, cela ne sera bénéfique que si l'enfant n'est pas anxieux. Proposez simplement, ne forcez pas.

Les peurs de la nuit sont intimement liées à celles du jour. La peur de la séparation est une des craintes les plus intenses et tenaces de l'enfance. Un peu plus tard, apparaissent celles de se perdre et d'être abandonné, loin de l'affection de ceux qu'il aime et dont il se sent aimé. Lorsque l'enfant entre dans l'apprentissage de la propreté, il éprouve la crainte de disparaître : la disparition de ses excréments, qu'il considère comme une partie de lui-même, dans les toilettes, étaie ses suppositions.

PETIT CONSEIL

Les enfants cherchent toujours à exprimer leurs peurs, notamment à l'heure du coucher, mais leurs capacités d'expression ne leur permettent pas toujours d'être compréhensibles. Essayez d'avoir une oreille attentive afin de pouvoir donner à votre enfant les explications rationnelles qui l'aideront à se dominer et à vaincre ses peurs.

36 Notre enfant de 18 mois fait beaucoup de bêtises. Comment interdire sans qu'il pleure ?

↘ C'est l'âge où tous les enfants ont la réputation d'être des « touche à tout »... et la réaction normale de l'adulte consiste à interdire. Deux antagonismes s'affrontent : celui de l'enfant pour qui toucher, tripoter, démonter, c'est apprendre, et celui des parents qui, pour des raisons de sécurité, s'opposent à ces explorations.

C'est aux parents de prendre leurs responsabilités et de modifier l'environnement en fonction de ce besoin inné de connaître qu'éprouve l'enfant de cet âge. Ils peuvent encore choisir de l'accompagner dans ses découvertes pour limiter les gestes maladroits tout en essayant de ne jamais laisser apparaître de tension. Même les objets dangereux peuvent lui être montrés car un enfant aussi petit est déjà capable de comprendre qu'ils peuvent faire mal. Le plus souvent, c'est l'attitude provocatrice de l'enfant qui exaspère le plus l'adulte : il aura beau avoir dit et redit que tel objet n'est pas un jouet, l'enfant, après quelques secondes de répit, recommencera la même bêtise. C'est plus fort que lui, il aime mesurer son pouvoir à celui de l'adulte.

Éduquer un enfant, c'est l'informer sur les conséquences que pourrait avoir son acte.

En effet, à cet âge, il connaît bien la signification du mot « non », lui qui est en pleine phase d'opposition, mais il a parfois du mal à en comprendre tout le poids. Fatigués, les parents haussent de plus en plus le ton, montrent des interdits de plus en plus stricts et l'enfant n'a pour seule réponse que les pleurs. Généralement, ils ne durent pas car autre chose va bien vite attirer son attention.

Comment contenir un tel petit diable ? Vous devez d'abord accepter ce moment comme une étape de développement et proposer à l'enfant un dérivatif, une autre occupation qu'il abordera avec enthousiasme. Il n'existe pas d'enfants qui naissent insupportables.

La désobéissance se réprime par un « non » appuyé. Le ton suffit pour que l'enfant réalise qu'il ne doit pas dépasser certaines limites. L'autorité est la base des relations parents-enfant, mais pour être efficace, elle se doit d'être douce et persuasive. Elle éduque aux dangers, elle institue le respect des parents. La vie en société établit des limites pour lutter contre l'égoïsme naturel de l'enfant, avec

PETIT CONSEIL

Les enfants gardés à l'extérieur se montrent souvent particulièrement turbulents de retour chez eux. En fait, bien des bêtises sont des appels à l'affection et à l'attention. Ainsi le soir, de retour à la maison, il vaut mieux s'efforcer de simplifier la vie domestique pour avoir une vie affective riche et permettre à l'enfant d'avoir tout son comptant d'écoute et de câlins.

lequel on est autoritaire par les intentions et les attitudes, on lui impose des décisions qu'il serait bien incapable de prendre, voire même d'imaginer.

La mise en place de règles de vie avec son lot de frustrations n'est pas facile à accepter et déclenche bien souvent des pleurs. Les interdits sont, au fil des jours, d'autant mieux maîtrisés qu'ils restent les mêmes quelle que soit la personne qui surveille l'enfant, mais celui-ci est totalement déstabilisé si les règles changent du jour au lendemain.

Les menaces telles que : « Je ne t'aime plus » créent chez l'enfant une angoisse, souvent à l'origine ensuite d'agressivité et de craintes excessives.

Les parents qui font garder leur enfant toute la journée ont parfois du mal à exercer une autorité quand ils le retrouvent. Méfiance alors, car l'enfant a tendance à tester à la maison les interdits de la crèche ou de la nourrice. Il cherche à déterminer ses limites et celles de l'adulte. Lui répondre fermement, sans cris, lui expliquer calmement le pourquoi de l'interdit, est le plus sûr moyen d'éviter les pleurs.

37 Notre enfant peut être tellement infernal que je finis parfois par lui donner une fessée. Mais quand il se met à pleurer, je culpabilise et je ne sais que faire.

↘ Par la fessée, vous avez affirmé votre force physique sur lui et rien d'autre. Si vous vous êtes laissée emporter par la violence, reprenez votre calme dans un premier temps.

Ne vous précipitez pas vers lui pour lui demander pardon. Laissez l'enfant digérer votre geste puis expliquez-lui pourquoi vous avez réagi de cette façon, et notamment, s'il a mis sa vie en danger, les raisons de votre peur.

La fessée est plus souvent l'expression d'une panique qu'un acte d'autorité efficace. Même si la fessée l'a emporté sur le dialogue, il est bon que celui-ci s'instaure le calme revenu. Car l'enfant a besoin pour se développer harmonieusement d'admirer et d'aimer ses parents et non de les craindre.

Frapper un enfant est le résultat d'un échec éducatif et personnel mais c'est aussi une atteinte au respect du corps de l'enfant. En fait, il ne faut jamais lui infliger des punitions corporelles, la fessée et les coups risquent de faire entrer parents et enfant dans un cercle vicieux, l'enfant souhaitant les coups et les recevant de plus en plus souvent.

La plupart des pays nordiques ont interdit la fessée car bon nombre d'actes de maltraitance ne sont, aux dires des parents, que des fessées méritées.

Il est impératif que les parents suppriment la fessée de leur panoplie éducative, d'autant plus qu'elle ne fait qu'affermir l'attitude d'opposition de l'enfant. Le danger est aussi de le fixer dans une attitude masochiste : plus les parents le battent, plus ils l'aiment et plus il fait de bêtises. Il va croire que les coups sont la preuve de leur amour.

PETIT CONSEIL

Si vous perdez trop souvent votre calme, confiez votre enfant pour quelques jours à une personne de votre famille. Si vous êtes fatiguée, prenez un peu de temps pour vous. Si vous vous sentez dépressive, poussez la porte du cabinet de votre médecin. Si vous vous sentez incapable de faire face à un enfant qui vous semble trop turbulent, si vous sentez que vous n'êtes plus en état de maîtriser la relation avec votre bébé, n'hésitez pas à consulter un spécialiste.

Attention casse-cou !

À l'âge des premières performances psychomotrices comme les déplacements à quatre pattes, la marche debout et l'escalade des escaliers, la majorité des pleurs sont dus à des chocs et à des blessures. La maison familiale n'est pas toujours un lieu aussi sûr que l'on croit. Voici quelques notions de base pour vous aider à revisiter votre environnement avec les yeux d'un petit enfant.

Il peut tomber

- sur le parquet du salon s'il est trop ciré ;
- sur le carrelage mouillé de la cuisine ou de la salle de bains ;
- dans la douche si elle n'a pas de tapis antidérapant ;
- dans les escaliers s'ils ne sont pas équipés d'une barrière ;
- en se prenant les pieds dans un tapis ou dans une rallonge électrique ;
- en se penchant par une fenêtre ouverte sans protection ;
- sur un coin d'une table basse. Ces chutes sont particulièrement douloureuses, voire dangereuses. Il existe des coins de protection.

Il peut se brûler

- en s'accrochant au manche d'une casserole qui dépasse de la cuisinière ;
- en touchant la porte du four, si elle n'est pas munie d'un écran de sécurité ou d'une porte froide ;
- en s'approchant d'un radiateur électrique ;
- en portant à sa bouche une rallonge électrique restée branchée ;
- en ouvrant le robinet d'eau chaude de la baignoire ;

  À SAVOIR : **légalement l'eau chaude ne doit pas dépasser les 60 °C. Installez un robinet thermostatique qui se prérègle à la température idéale du bain (37 °C).**
- en mettant ses doigts dans une prise de courant ;

  À SAVOIR : **il existe des fiches de protection pratiquement inviolables.**
- avec un fer à repasser qui est resté branché ;
- avec un liquide trop chaud renversé par maladresse ;
- en s'approchant trop près d'une cheminée ouverte et en mettant ainsi le feu à ses vêtements.

Des lieux et des heures critiques

Les endroits les plus dangereux de la maison sont la cuisine et la salle de bains, les heures les plus critiques : entre 10 et 12 heures, et après 17 heures au moment où se préparent les repas de la famille. Deux accidents sur trois ont lieu dans la cuisine : le four, la plaque chauffante, le gaz, les poignées des casseroles et une maman occupée à cuisiner, tout cela incite à crier danger. De plus, les produits ménagers doivent être rangés hors de la portée des enfants.

Il peut se pincer les doigts

- dans une porte qu'il peut ouvrir en raison d'une clenche accessible, ou parce qu'elle n'est pas bloquée en position ouverte ;

  À SAVOIR : **il existe des garnitures de porte « anti-doigt pincé ».**
- dans les battants d'une fenêtre qui n'est pas bloquée par un crochet.

Il peut se couper

- en accédant au tiroir à couverts ou à accessoires de cuisine ;

  À SAVOIR : **il existe des systèmes de sécurité empêchant leur ouverture par les petites mains.**
- en cassant une porte vitrée qui n'est pas en verre feuilleté.

PREMIERS GESTES

En cas d'accidents de la vie quotidienne, il vous faut :

- **Pour les coupures et les blessures en tout genre** : un produit antiseptique qui ne pique pas, en flacon ou en bombe, des pansements adhésifs à couper, de l'alcool à 60 °C, du savon liquide, des compresses stériles, du sparadrap.
- **Pour les chutes et les doigts pincés** : une pommade ou un gel à l'arnica, du coton hydrophile, une bande élastique de longueur moyenne et quelques bandes de gaze.
- **Pour les brûlures** : un tube de pommade calmante ou des compresses grasses.
- **Et aussi** : une paire de petits ciseaux, une pince à épiler spéciale écharde et quelques épingles à nourrice.

La meilleure prévention des accidents domestiques consiste à ne jamais laisser son enfant seul.

Question d'âge

Avant 5 ans, les chutes sont responsables dans les deux tiers des cas de contusions du visage, voire de fractures du crâne.

Entre 2 et 3 ans, c'est l'âge où l'enfant se penche par la fenêtre pour voir ce qui se passe dans la rue ou pour apercevoir un parent qui revient ou qui s'éloigne.

Mesurer sa souffrance

L'observation du comportement des enfants qui souffrent a permis d'établir une grille d'évaluation donnant une mesure de la douleur chez un enfant qui ne peut pas encore l'exprimer par des mots ou des degrés sur une réglette. C'est la grille « Edin ». Elle a aussi pour objectif l'évaluation de l'efficacité des traitements.

Les manifestations de la douleur sont classées en cinq points : le visage, le corps, le sommeil, le réconfort, la relation avec l'environnement. Chacun de ces points est noté de 0 à 3 et additionné, le total peut atteindre 15.

- **Le visage d'un bébé** qui souffre intensément est crispé en permanence ou prostré, figé ou encore violacé (ce qui correspond à la note 3). Le bébé qui souffre beaucoup grimace de façon prolongée (note 2).

Le visage de celui qui souffre un peu moins est agité de grimaces passagères. Son menton tremble, ses lèvres sont pincées, il plisse le front et fronce les sourcils (note 1).

- **L'observation de son corps** montre une agitation permanente, une crispation des extrémités, les mains et les pieds, une raideur des membres. On constate parfois une motricité limitée et un corps figé.
- **Une agitation fréquente**, avec un retour possible au calme, a la note 2. Une agitation transitoire est notée 1.
- **Une absence de sommeil**, un refus de contact, des hurlements ou gémissements sans la moindre stimulation, et aussi lorsque le bébé est inconsolable et suce désespérément son pouce, sans trouver de réconfort, correspondent à la note 3.
- À l'inverse, la note 0 signifie que l'enfant a le visage et le corps détendus. Il s'endort facilement et son sommeil est prolongé et calme. Éveillé, il est attentif à l'écoute et n'a pas besoin du réconfort d'un adulte.

La majorité de ses pleurs
signifient son opposition
à la volonté des grands.
Ce n'est pas forcément
un enfant capricieux,
mais un enfant qui grandit
et qui veut mesurer
son pouvoir.

2 ans et plus

38 Notre enfant de 2 ans se met dans d'incroyables colères depuis quelque temps. Quelle en est la raison ?

↘ **Sans que vous sachiez vraiment pourquoi, votre enfant, jusque-là très gentil, refuse soudainement de marcher ou décide de dormir tout habillé, à moins que, du jour au lendemain, il ne veuille plus embrasser sa grand-mère. Et sa détermination est telle qu'entre vous et lui c'est la guerre.**

La colère est une manifestation tout à fait courante et normale chez un enfant. Alors âgé de quelques semaines, le nourrisson pique déjà des petites rages. Mais il est vrai qu'il y a des enfants plus ou moins enclins à cette forme de contestation sans que l'on puisse vraiment en déterminer la cause.

Attention, à famille colérique, enfants coléreux. Il utilisera d'autant plus facilement et spontanément ce mode d'expression qu'il s'agit d'une habitude familiale.

Ce qui est certain, c'est qu'à 2 ans l'enfant traverse une période d'agressivité où un rien l'énerve et où il provoque ses parents pour mesurer le degré de leur résistance. Se rouler par terre, rouge de colère, est pour lui une banalité. Dans certains cas, sa rage est telle qu'elle peut le conduire à un arrêt respiratoire de quelques minutes, un spasme du sanglot (p. 67).

Entre 1 et 3 ans, l'enfant prend conscience de sa personnalité et veut imposer sa volonté. Souvent, il n'ose pas passer sa fureur directement sur l'adulte, il frappe alors ses jouets, les meubles, ses frères et sœurs ou encore lui-même. Une colère de temps en temps n'est pas grave. En revanche, l'enfant qui s'emporte quotidiennement ou plusieurs fois par jour souffre probablement d'un trouble, physique ou psychique, d'un manque d'exercice ou de trop de fatigue...

Souvenez-vous aussi que bien des colères sont à l'origine de difficultés dans la communication parents-enfant, et que souvent il vaut mieux ne pas se battre pour des principes. Par contre, évitez de lui mettre sur le dos l'étiquette de coléreux, cela l'installerait dans un statut dont il aurait beaucoup de mal à s'échapper ensuite.

La colère est toujours l'expression d'une émotion et, chez l'enfant, le registre expressif est limité. Pleurs, mimiques, mouvements du corps sont pour lui les seuls moyens de faire comprendre son désarroi.

Différentes expériences ont montré que la colère est immédiatement reconnue par les enfants, même si elle est exprimée dans une langue inconnue, et qu'ils adoptent aussitôt les mimiques appropriées à ce sentiment. De plus en plus d'études prouvent que les émotions aussi fortes que la colère ont des expressions faciales identiques chez tous les peuples.

PETIT CONSEIL

Face à une colère « normale », gardez votre calme. Ce n'est pas toujours évident, mais souvent payant. Patience et fermeté, sans cris ni tapes, désarment les plus acharnés. Expliquez aussi à l'enfant que vous comprenez très bien le pourquoi de son emportement mais que, malheureusement, il n'est pas question que vous cédiez. Tout cela, bien sûr, dans la plus grande tranquillité. Certains enfants se calment vite quand ils constatent que leurs scènes n'ont aucun impact sur leurs parents, d'autres persistent des heures durant. Pour les calmer, il suffit d'un geste affectueux et d'un gros câlin.

Au cours de la deuxième année, d'autres crises de larmes peuvent être interprétées à tort comme des colères ou des caprices. Ces pleurs relativement fréquents sont en fait le résultat d'un conflit interne entre une autonomie de plus en plus grande et une dépendance dans pratiquement tous les actes de la vie quotidienne. L'enfant pleure dès qu'il est confronté à un changement brusque. Ce peut être au moment de sortir ou au retour de sa promenade, il pleure pour mettre son manteau ou arrache son bonnet et refuse de se déshabiller ensuite.

Souvent encore, il semble détester aller dans un endroit qu'il aimait jusqu'ici, il se cache dans vos jambes et s'y accroche en larmes mais il peut tout aussi bien, dans la demi-heure qui suit, refuser de la même manière de quitter ce même endroit.

Pourquoi un tel comportement qui peut faire penser à un caprice ? Il semble que cet enfant, conscient de sa nouvelle autonomie, se fait peur à lui-même, il se sent tout à coup petit et vulnérable. D'ailleurs, son pouce et son doudou lui offrent un grand réconfort face à ces situations de changement.

Il veut se coucher avec ses chaussures ? En le laissant faire, vous le désarmez et il apprend à ses dépens que c'est assez inconfortable.

39 Tous les soirs, nous sommes obligés de coucher notre enfant de force et en pleurs, après lui avoir raconté une histoire et fait quantité de câlins. Que pouvons-nous faire pour que ses cris cessent ?

↘ Il faut que vous réussissiez à lui faire comprendre qu'il doit se coucher à l'heure que vous avez fixée. C'est une chose à négocier avec lui, par exemple en lui montrant sur un réveil l'endroit que ne doivent pas dépasser les aiguilles pour le coucher.

Organisez un jeu, faites un compte à rebours, comme celui de la fusée sommeil qui décolle. Mais avant, respectez ses rites car l'enfant en a besoin. En fait, il ne veut pas quitter les siens pour le sommeil. Pour cela, il met son imagination au service d'une stratégie lui permettant de gagner du temps, voire de réussir peut-être à décourager le projet de ses parents. Il y croit !

Mais attention, si vous réussissez à le coucher sans drame, ne vous réjouissez pas trop vite. Il y a de grande chance pour que, un instant plus tard, il réclame quelque chose, debout dans son lit. Si vous faites comme si vous n'aviez rien entendu, il va crier de plus en plus fort et se mettre à pleurer. Allez le recoucher gentiment et avec un dernier baiser, surtout ne le laissez pas sortir de son lit.

PETIT CONSEIL

Pour ne pas être débordés par ses exigences, il est préférable que vous ne laissiez pas votre enfant établir trop de rites et que vous refusiez dès le début les demandes trop extravagantes. Lorsque vous considérez que le manège a assez duré, dites-le fermement, couchez votre enfant et ne répondez plus à ses appels, même s'il insiste en pleurant.

Parfois l'enfant s'en échappe tout seul et vient faire une énième demande d'un air détaché. Il se sert pratiquement de tout ce qui lui passe par la tête. Ces demandes farfelues, que tout parent reconnaît comme des manœuvres, se mélangent à des besoins qui peuvent être réels : il a soif, veut aller aux toilettes, son pyjama le gêne, il a besoin d'un dernier baiser...

En refusant d'aller se coucher, l'enfant de 2 ans exprime son opposition aux règles établies par ses parents. Ainsi, il s'affirme en tant qu'individu doté de caractère et de personnalité.

À ce stade, vous pouvez lui couper l'herbe sous le pied en lui permettant de satisfaire un certain nombre de besoins avant même qu'il ne soit installé dans son lit. Ensuite, vous n'avez plus aucune raison de céder à ses demandes supplémentaires. Soyez fermes, il doit dormir. Votre ton déterminé lui fera comprendre qu'il est inutile de pleurer.

En grandissant, ses exigences vont devenir plus embarrassantes. Vers 2 ans et demi, l'enfant établit un véritable cérémonial qui peut commencer fort longtemps avant le coucher. Tous les soirs, quelles que soient les circonstances, il devra dire bonsoir à tout le monde, les humains comme les animaux, ranger ses jouets, écouter toujours la même histoire, regarder son dessin animé favori...

Et attention, l'ordre de toutes ces fantaisies devra être respecté, sans quoi il faudra que vous repreniez tout à zéro, faute de quoi il piquera une colère, et la quiétude propice au sommeil sera alors compromise. Sachez que ce rituel n'est pas un caprice, c'est en réalité pour lui le plus sûr moyen de se protéger de la peur. C'est en fixant quotidiennement ces attitudes que l'enfant domine les peurs les plus archaïques.

40 Depuis que nous avons déménagé, notre enfant pleure une nuit sur deux. Y a-t-il un lien de cause à effet ?

↘ Les pleurs qui marquent un trouble du sommeil sont souvent liés aux perturbations de la vie de l'enfant : déménagement, changement de chambre, mais aussi dispute des parents, voire séparation.

L'enfant en est d'autant plus bouleversé qu'en grandissant il devient de plus en plus conscient de ce qui se passe autour de lui. Il est sensible à un changement de lieu qui le prive de ses repères, mais aussi à son entrée à l'école maternelle, à une nouvelle personne qui s'occupe de lui ou, plus gravement, aux petits ou grands drames familiaux qui engendrent des tensions. L'enfant s'éveille entre deux phases de sommeil et ressent un sentiment d'angoisse. Il perçoit, notamment par le comportement des adultes

Lorsqu'un changement dans la vie d'un enfant se profile, il est important de le lui dire. À cet âge, il aime la vérité.

qui l'entourent, que quelque chose de différent, voire d'anormal, est en train de se produire. Bien sûr, tout ce qui touche directement à ses parents le trouble. Certains enfants, lorsqu'ils peuvent sortir de leur lit, sont même capables de venir contrôler en pleine nuit que leurs deux parents sont bien là. Parfois, ils essayent même de se coucher avec eux. Dans ce cas, il est préférable de les raccompagner jusque dans leur chambre.

Pour s'endormir et dormir sans s'éveiller au milieu de la nuit, l'enfant doit avoir un sentiment de parfaite sécurité, c'est-à-dire être apaisé et capable d'éprouver un plaisir narcissique. De même, l'enfant perçoit fort bien l'émotion qui bouleverse l'un de ses parents ou les deux. Comme il ne la comprend pas, il devient naturellement inquiet, et même parfois angoissé. Ne sachant pas ce qui le perturbe réellement, il choisit les larmes pour exprimer son émotion.

Une agitation anormale, des parents affectueux à l'excès un jour et moins le lendemain, des parents tristes ou qui se disputent, l'obligent à trouver ses propres repères d'apaisement. C'est pour lui relativement difficile. Dans certains cas, la phase d'endormissement devient alors compliquée, l'enfant restant éveillé dans l'obscurité, guettant le moindre bruit. Dans d'autres, il renoue avec l'habitude de se réveiller au cours de la nuit et réclame à grands cris la présence de ses parents.

Une séparation mal préparée, mal acceptée par les parents, reste une des causes les plus fréquentes de réveils nocturnes intempestifs. Il peut s'agir de la mise à la crèche, non prévue ou consentie réellement par l'un des parents, d'un éloignement

PETIT CONSEIL

L'arrivée dans sa vie d'une baby-sitter inconnue, le temps d'une soirée, peut aussi le perturber : pensez à l'en avertir, et si elle arrive avant qu'il ne soit couché, pourquoi ne pas la lui présenter afin que tous deux fassent connaissance ?
Cette sincérité le rassure et vous constaterez qu'il supporte sans drame que vous vous absentiez régulièrement.

momentané chez les grands-parents, par exemple en raison de la naissance d'un autre enfant ou pour permettre à la mère de souffler un peu alors qu'elle n'a pas forcément envie de se séparer de son enfant.

Certains événements familiaux sont classiquement perturbateurs du sommeil. L'un est plutôt de l'ordre de la bonne nouvelle : la naissance future d'un autre bébé dans la famille. D'autres sont plus tristes, comme la perte d'un être cher par l'un des parents ou la séparation du couple parental.

Dans le premier cas, l'enfant constate sans en connaître la cause que sa mère est moins disponible pour lui : elle joue un peu moins, refuse de le porter quand il en a envie, abrège quelque peu l'histoire du soir.... Faute d'être informé de l'événement qui se prépare, l'enfant ne comprend pas les changements de comportement de sa mère, il se sent moins aimé et cherche à tout prix, de jour comme de nuit, à attirer son attention. Si le secret se prolonge trop longtemps, l'enfant assimilera ce silence à une menace, à un danger que la révélation ne viendra pas effacer, car il est incapable encore de relier les deux événements.

PETIT CONSEIL

Il vaut mieux d'abord annoncer l'arrivée d'un petit frère ou d'une petite sœur rapidement, puis expliquer à l'enfant ce que cela implique immédiatement comme changement, même si, en raison de son jeune âge, il ne peut pas tout comprendre, que de laisser s'installer un climat de mystère. Les réveils nocturnes auront alors un sens. Mis sur le compte d'une manifestation de jalousie, ils offrent aux parents l'occasion d'affirmer clairement leur affection.

Un deuil dans la famille est encore source de troubles du sommeil chez l'enfant. La dépression, plus ou moins marquée, qui touche les adultes en période de deuil est ressentie par l'enfant. La tristesse, qui mobilise une bonne partie du psychisme du parent concerné, change le regard porté sur l'enfant et devient plus distant, moins pétillant, moins sollicitant. Les échanges affectifs sont davantage superficiels, presque mécaniques parfois, et souvent plus rares.

L'enfant ne reconnaît plus tout à fait son père ou sa mère et ne comprend rien à cette nouvelle attitude. Par ses appels, l'enfant montre qu'il a besoin de celui ou de celle qui s'est éloigné et qu'il essaie de renouer le fil de la communication affective qui s'est distendue.

La perception d'une perturbation dans le comportement de ses parents peut être chez l'enfant à l'origine d'une inquiétude, voire d'une angoisse, donc de troubles du sommeil.

La séparation des parents est, même chez l'enfant très jeune, une période de tels bouleversements affectifs que la qualité du sommeil ne peut qu'en souffrir. La tristesse et l'anxiété que connaît l'enfant perturbent ses jours et ses nuits. Il a besoin d'être rassuré à plus d'un titre. Ses réveils nocturnes lui servent à vérifier qu'il n'a pas été « abandonné » dans la tourmente et que l'un de ses parents est toujours là, qu'il n'est pas coupable de ce qui s'est passé et qu'il est toujours aimé, que le parent qui s'est éloigné a peut-être décidé de revenir pendant son sommeil.

PETIT CONSEIL

Lorsque les parents se séparent, seul le temps permettra à l'enfant de surmonter son chagrin. Ce temps sera d'autant plus court que ses parents auront une attitude responsable, permettant à celui ou à celle qui a quitté la famille de rester présent physiquement de temps en temps, et quotidiennement de manière symbolique. Affirmer haut et fort que l'éloignement ne change rien aux liens affectifs avec l'enfant est la condition essentielle pour lui redonner la tranquillité dans le sommeil.

41 Depuis quelque temps, notre enfant semble avoir peur d'aller se coucher. Il refuse d'entrer dans sa chambre, s'accroche à tous les meubles et pleure sincèrement. Que peut-il bien se passer dans sa tête ?

↘ Votre enfant a peur et c'est pour cela qu'il pleure. Quatre causes peuvent être évoquées pour expliquer son comportement. En premier lieu, bon nombre d'enfants redoutent ce que, médicalement, on appelle les « hallucinations hypnagogiques ». Elles sont bien connues aussi des adultes.

Ce n'est pas une fantaisie, quelque chose, tapi dans l'ombre de sa chambre, lui fait peur. Ses pleurs sont des cris d'alerte.

Les définir n'est pas simple car il s'agit de toute une série de phénomènes qui précèdent ou suivent l'endormissement, juste lorsque la vigilance se relâche. La plus fréquente est le sursaut d'endormissement : l'enfant est victime d'une détente musculaire brutale qui fait remonter sa conscience en surface lui donnant la désagréable impression d'être tombé dans un trou ou du haut d'un rocher vertigineux. La perte de tonus musculaire peut encore entraîner des sensations de paralysie de la totalité du corps, rendant tout mouvement impossible. Autre phénomène angoissant : l'impression que l'un des bras devient lourd et gros ou s'allonge de manière démesurée.

D'autres enfants ont des illusions sensorielles, visuelles, auditives et tactiles : ils transforment les ombres sur les murs de leur chambre en monstres menaçants, ils interprètent les bruits familiers comme étranges, ou ils ont la sensation qu'un insecte parcourt leur corps. L'illusion peut encore atteindre la pensée, créant des angoisses, des dangers imaginaires. Les hallucinations hypnagogiques existent aussi parfois au réveil, elles prennent alors le plus souvent la forme de paralysies du corps ou d'un membre. L'enfant pleure de détresse.

En second lieu, certains enfants ont peur du sommeil. Cette peur très particulière est souvent liée à celle de ne plus pouvoir se réveiller. Le coucher est de toute façon vécu comme un moment important de séparation où la solitude dans le noir devient vite insupportable.

> **PETIT CONSEIL**
>
> **Lorsqu'on est un enfant et que plusieurs phénomènes se conjuguent, il n'y a rien d'étonnant à redouter ces sensations qui vous submergent. C'est en sollicitant les confidences de votre enfant, en banalisant ces phénomènes que vous lui apprendrez à ne pas en avoir peur. L'enfant doit savoir que ses parents connaissent aussi ces sensations et qu'elles sont dues à un fonctionnement cérébral fantaisiste.**

La peur du sommeil est souvent à rapprocher de celle de la mort, en rapport direct avec la disparition d'un être cher, surtout si celle-ci a été comparée à un endormissement. Il faut donc éviter ce type d'explication et parler à l'enfant de l'usure du corps humain, du cycle de la vie, et lui dire que ceux qui nous quittent continuent à vivre dans nos souvenirs et par notre amour. À chacun de trouver les mots et les images qui correspondent à sa croyance religieuse, à sa philosophie ou à sa conception de la vie. Ces enfants, plus que tout autre, ont besoin que leur coucher soit très ritualisé, il faut leur laisser le temps d'entrer doucement dans le sommeil.

Ensuite, il existe des enfants particulièrement actifs et volontaires qui peuvent refuser obstinément d'aller se coucher. Même fatigués, ils se mettent en colère dès qu'il en est question. Ils ne veulent pas rester dans leur lit. Et lorsqu'enfin ils ont consenti à s'allonger, ils luttent pour ne pas fermer les yeux.

Enfin, certains enfants souffrent, sans que l'on sache pourquoi, d'un dérèglement de leur horloge interne : leur cerveau est dans l'impossibilité de se mettre en phase avec l'heure habituellement normale de l'endormissement. Généralement, ce trouble se met en place progressivement, l'enfant reculant de jour en jour le moment d'aller se coucher.

Ne pas être conforme à son attente l'inquiète et le laisse éveillé : c'est le début du cercle vicieux bien connu des adultes insomniaques.

Ces enfants sont en pleine forme jusqu'à une heure avancée de la soirée et, s'ils consentent à s'allonger, ils cherchent le sommeil dans leur lit, se retournant inlassablement d'un côté, puis de l'autre. Leur besoin de sommeil n'est en rien modifié.

S'ils sont scolarisés, ils ont bien sûr un réveil difficile, ronchonnent, pleurnichent et traînent leur fatigue tout au long de la matinée, reprenant de la vigueur plus le temps passe.

PETIT CONSEIL

L'inquiétude du sommeil est relativement fréquente chez l'enfant, notamment si ses parents lui imposent une heure de coucher alors qu'il n'a pas envie de dormir. Leur donner un produit est déconseillé, ils interprètent ce geste comme une véritable provocation et mettent en place un système de défense afin de combattre son effet. Seule une fermeté affectueuse peut venir à bout de leur résistance.

42 Notre enfant se réveille en pleine nuit en pleurant. Il a toujours des histoires terrifiantes à raconter. Comment l'aider à surmonter ses cauchemars ?

↘ **Les cauchemars font partie du développement normal de l'enfant. Certains ne provoquent pas le réveil, d'autres au contraire tirent brusquement l'enfant de son sommeil : un gros chien l'agresse, une sorcière le poursuit, il est perdu tout seul dans un grand magasin...**

Pendant quelques secondes, il ne sait plus où il est et s'il est toujours dans une situation critique. Petit à petit, il va s'habituer à ces réveils angoissés et les supportera sans avoir à appeler ses parents au secours. Ses cris dans la nuit demandent votre assistance, il a besoin que vous l'aidiez à comprendre qu'il est victime de son imagination.

PETIT CONSEIL

Allumez une lumière douce, prenez-le dans vos bras mais sans le sortir de son lit, car il pourrait ne plus vouloir s'y recoucher. Rassurez-le et, si besoin, restez à ses côtés le temps qu'il se rendorme.

Beaucoup d'événements sont à l'origine des cauchemars au point que l'on peut dire qu'ils sont normaux dans la vie d'un enfant. Si les cauchemars sont si spectaculaires chez l'enfant, s'ils sont souvent aussi perturbants, c'est parce qu'ils sont vécus de manière très intense, presque « pour de vrai ». Comme pour les rêves, ils se produisent toujours en sommeil paradoxal. Les cauchemars agitent les nuits de l'enfant et les craintes irraisonnées empoisonnent ses jours. C'est à partir de 3 ans que naissent les peurs. Parmi les plus communes, que l'on retrouve dans les cauchemars, il y a celle des animaux et de leur morsure.

Mais il y a aussi la crainte de l'abandon, c'est pour cela que les enfants rêvent beaucoup qu'ils sont perdus, loin de leurs parents. Les monstres et les sorcières naissent souvent des conflits qui les ont opposés à leurs parents.

Les cauchemars peuvent aussi être une manifestation d'une crainte plus ordinaire, celle de la foule, de s'être senti menacé quelques instants, d'avoir cru être perdu, d'un bruit violent inattendu. L'enfant, parfois considéré à tort comme un grand, a souvent bien des difficultés à vivre dans le monde des adultes. Il arrive encore que les enfants qui commencent à être volontaires, coléreux, voire autoritaires, vivent dans leurs cauchemars des situations de punition, ou tout au moins de forte opposition à leur désir. Leur agressivité diurne se retourne contre eux dans leurs rêves.

L'enfant de 3-4 ans traverse encore ce que les psychiatres appellent la phase œdipienne. Tiraillé entre des sentiments contradictoires vis-à-vis de ses deux parents, partagé entre amour et jalousie, il est mal dans sa peau. Les sujets les plus enclins aux cauchemars sont ceux qui le jour s'expriment le moins, qui ne réussissent pas à mettre des mots sur ce qu'ils éprouvent. Il faut dire que ce n'est pas simple d'être follement amoureux d'un de ses parents tout en restant très attaché à l'autre qui est quotidiennement votre rival : de quoi en effet vous donner des cauchemars !

PETIT CONSEIL

Les cauchemars doivent être racontés pour s'en libérer. Laissez à votre enfant qui vient de s'éveiller, angoissé, le temps de dire ce qu'il a vécu. Rassurez-le, vous êtes un « terrasseur » de dragons reconnu et un chasseur de sorcières expérimenté. Il peut compter sur vous et se rendormir tranquille.

C'est ainsi que les nuits se peuplent de personnages et d'animaux dangereux, symbolisations du parent avec lequel l'enfant est en rivalité le jour. Si l'enfant est plus ou moins capable de maîtriser sa jalousie le jour, la nuit c'est une autre histoire. Évidemment, toutes les situations de stress sont susceptibles d'être à l'origine de mauvais rêves : l'arrivée d'un petit frère ou d'une petite sœur, un déménagement, le divorce des parents ou même l'entrée à l'école.

Certains enfants sont tellement terrorisés par leurs cauchemars qu'ils refusent de s'endormir, persuadés que, dès qu'ils vont fermer un œil, ceux-ci vont recommencer. Comme à cet âge, faire la différence entre le rêve et la réalité est impossible, les monstres dévorateurs, les objets dangereux, les chiens féroces, les gens méchants deviennent éminemment menaçants. Il est rare que les enfants se souviennent précisément de ce qu'ils ont rêvé, par contre, ils gardent en mémoire les sentiments angoissants qui les ont bouleversés.

Bien sûr, tous les conflits entre l'enfant et ses parents, tout particulièrement avec sa mère, peuvent perturber son sommeil. En signant la paix, les parents favorisent l'endormissement et chassent les mauvais rêves.

Pour avoir eux-mêmes éprouvé des cauchemars dans leur enfance, tous les parents savent que l'enfant a besoin du réconfort de l'adulte pour retrouver un sommeil paisible. Les plus effrayés peuvent être tranquillisés si on leur laisse la lumière d'une veilleuse à leur chevet. Enfin, les enfants terrorisés par leurs cauchemars retrouvent un peu de calme lorsqu'ils réussissent à en parler, pour certains il est parfois plus facile de les dessiner.

PETIT CONSEIL

Quelques paroles rassurantes, un petit baiser, le réconfort du doudou, l'assurance d'une présence protectrice à ses côtés suffisent généralement. Parfois l'enfant demande un peu plus : il faut regarder sous son lit, ouvrir les armoires et les placards de la chambre pour vérifier que rien d'inquiétant ne s'y trouve.

43 Régulièrement, notre enfant s'assoit dans son lit et hurle. Il semble pourtant dormir. Est-il victime de terreurs nocturnes ?

↘ Les terreurs nocturnes sont différentes des cauchemars, c'est un état assez curieux entre sommeil et veille. Elles apparaissent au début de la nuit, deux heures environ après l'endormissement, juste à la fin du premier cycle de sommeil profond, alors que la phase d'éveil léger ne s'est pas encore produite.

L'enfant se dresse dans son lit, pousse des cris puissants ou pleure, ou encore prononce des paroles plus ou moins incompréhensibles. Certains se débattent violemment ou sortent de leur lit. L'attitude de l'enfant est inquiétante pour ses parents : il ne semble pas réveillé alors qu'il a les yeux ouverts, le regard flou.

Des manifestations physiologiques s'associent aux manifestations spectaculaires : le cœur bat plus rapidement et la respiration s'accélère, il est parfois en sueur. Le consoler, le réconforter est quasiment impossible, et le plus souvent il se rendort sans s'être réveillé. Les terreurs nocturnes sont toujours évoquées au pluriel. En effet, la plupart des enfants, vers 3-4 ans, en connaissent deux ou trois épisodes, mais d'autres y sont abonnés, allant jusqu'à en avoir plusieurs dans la même nuit. Les terreurs nocturnes sont sans gravité et ne sont pas le signe d'un trouble cérébral

PETIT CONSEIL

Mieux vaut ne pas en parler à votre enfant le lendemain, afin de ne pas lui donner l'occasion de s'en inquiéter car il ne se souvient de rien. La meilleure prévention contre les terreurs nocturnes consiste à permettre à l'enfant d'avoir des nuits régulières et de bonnes siestes.

ou psychologique. En fait, elles sont surtout impressionnantes pour les parents qui ne savent comment aider leur enfant à les surmonter. Et justement, il est conseillé de ne rien faire, de ne pas réveiller l'enfant, de le laisser poursuivre son sommeil une fois passé l'épisode.

Seule précaution : s'il est très agité, il est préférable d'éloigner tous les objets qui pourraient être dangereux.

Seules les terreurs nocturnes qui se poursuivraient au-delà de 6 ans doivent motiver une consultation médicale.

44 Notre petit garçon vient de vivre un drame : son chien s'est fait écraser sous ses yeux, depuis il est inconsolable et nous pose beaucoup de questions sur la mort. Comment l'aider à surmonter son chagrin ?

↘ Entre l'enfant et son animal domestique, c'est une véritable histoire d'amour qui s'est tissée. L'animal est son confident et son réconfort lorsque l'enfant a le sentiment d'être incompris de ses parents. C'est encore un fantastique compagnon de jeu.

Sa disparition est donc toujours tragique et il est normal qu'il pleure cet ami. Laissez votre enfant exprimer toute son angoisse et soutenez-le dans sa tristesse. Respectez un certain cérémonial dans le traitement du corps de l'animal et, s'il veut l'enterrer, laissez-le faire, cela l'aidera à mieux accepter sa mort.

Vous serez peut-être étonnés de certaines de ses réflexions. Ainsi, il peut vous demander quand son ami va revenir ou même affirmer qu'il va retrouver la vie.

Jusqu'à 5-6 ans, il vit la mort sur l'idée qu'elle est réversible. C'est d'ailleurs cette façon de penser qui le conduit à mettre sa vie en danger sans crainte puisque, pour lui, la mort n'est qu'un état passager et que tout rentre dans l'ordre après.

À son âge, la mort est comme un jeu qui lui permet d'exprimer tout ce qu'il ressent : l'amour, la haine, bref la vie ! Mais, entre divertissement et réalité, le fossé est grand et l'enfant le franchit le jour où une personne proche et aimée disparaît. Là, il est confronté à la réalité.

La disparition d'un animal est souvent la première confrontation à la mort. Elle peut lui faire peur.

Il faut alors lui annoncer le décès avec douceur, avec des mots simples, et prendre le temps d'en parler. Souvent, il faut lui dire que cette épreuve est dure et qu'avoir du chagrin est normal. Lui mentir pour le protéger ne ferait qu'augmenter son désarroi.

Quand l'enfant comprend la réalité de la mort, il peut éprouver une certaine anxiété se manifestant par des crises de larmes ou des difficultés dans son sommeil. Cette peur est normale comme toutes les peurs, en parler est le seul moyen de la combattre. Mais lorsqu'elle devient envahissante et de nature phobique, lorsqu'elle devient pathologique, il faut traiter.

PETIT CONSEIL

Ne lui en voulez pas : il donne la même importance à la disparition de son animal favori qu'à celle d'une personne de sa famille. Cet événement le conduit souvent à poser des questions sur le devenir des personnes ou des animaux morts. Le mieux est de répondre aux questions de l'enfant aussi clairement que possible en s'adaptant à sa sensibilité, son âge et sa maturité.

45 Depuis quelque temps, tout semble faire peur à notre petite fille. Elle passe son temps à se blottir dans mes jambes en chignant. Que lui arrive-t-il ?

↘ C'est entre 2 et 5 ans qu'apparaissent les premières manifestations de peur. Elles sont de toute origine et parfaitement normales. Elles matérialisent, expriment et évacuent en grande partie une anxiété rencontrée au cours d'une situation, face à un objet ou à une personne.

Le début de la pensée entraîne des doutes, des tensions et des difficultés que la peur atténue. Certains enfants y semblent plus enclins que d'autres en raison du climat familial : leurs parents reportent leur anxiété sur eux, qui à leur tour s'arrangent pour les rendre davantage inquiets. Ce phénomène s'accentue si les parents perdent l'image rassurante qu'ils doivent apporter à leur enfant. Cependant, c'est en maîtrisant ses angoisses qu'un enfant devient capable de relever de nouveaux défis. Quoi que l'on fasse, ressentir la peur est inévitable et fantastique.

Avoir peur, c'est prouver que l'on pense, et même parfois que l'on a une imagination fertile.

Elle a peut-être son utilité : pour l'homme, comme pour l'animal, la peur est une manifestation de l'instinct de survie, elle permet de déceler les dangers et d'y faire face. Les réactions physiologiques de l'enfant qui a peur sont les mêmes que pour l'adulte : les battements de son cœur s'accélèrent, sa pression sanguine augmente, tout comme les sécrétions d'adrénaline. Tout son organisme est en alerte. La grande différence tient à ce que les angoisses des petits et des grands ne sont pas les mêmes.

Chez les enfants, elles sont directement en rapport avec les étapes du développement. Ainsi, de la peur de la séparation chez les enfants de 8-9 mois naît la peur de se perdre ou celle d'être abandonné, loin de l'affection de ceux que l'on l'aime et dont on se sait aimé.

Se sentir aimé est encore le plus sûr moyen de ne pas avoir peur.

De même, à l'heure de l'acquisition de la propreté, l'enfant connaît une autre crainte : celle de disparaître. Il est toujours très inquiet de voir ses excréments, qu'il considère comme une partie de lui-même, partir dans les toilettes, souvent perçues comme un trou sans fond où la moindre maladresse peut le faire tomber dans le bruit fracassant de la chasse d'eau. De la même manière, certains enfants craignent de disparaître par la bonde de la baignoire, emportés avec l'eau de leur bain ; d'autres encore sont effrayés par le vide-ordures, une énorme bouche qui avale tout sans discernement, ou même parfois par l'aspirateur qui n'est pas toujours sélectif dans ce qu'il ingurgite.

C'est la peur de tomber qui force l'enfant à descendre les escaliers, c'est la crainte d'être malade qui lui donne le courage de surmonter les piqûres. À partir de 3 ans, il est normal d'avoir peur de tout. Pour aider l'enfant à vaincre ses peurs, il faut en parler. C'est par la parole qu'il va les dominer.

La peur des animaux et de leur morsure est encore un grand classique, notamment chez les enfants qui ne partagent pas leur vie avec un chien ou un chat. Cette crainte prend naissance dans les sentiments agressifs de l'enfant qui, lorsqu'il est inquiet ou contrarié, a envie

PETIT CONSEIL

L'enfant doit être certain du soutien de l'adulte, et c'est en sa compagnie qu'il va acquérir du courage : il visitera les lieux qui l'inquiètent, tendra la main vers l'animal ou l'objet qui le perturbe. Les félicitations couronnant ses succès l'aideront à se dominer et à vaincre d'autres peurs, différentes ou plus tenaces.

de mordre et de griffer. Tout cela est étayé par le fait qu'enfant et animal se sentent très proches et que, pour l'enfant, l'animal a des sentiments identiques aux siens. Il peut s'agir encore d'une mauvaise expérience : la guêpe qui pique, le chien de garde qui saute contre la grille ou les batailles de chats aux feulements impressionnants.

L'animal sert parfois d'exutoire à son agressivité, c'est le chien dont il tire la queue, le chat qu'il poursuit,.... L'enfant a tout naturellement peur que l'animal lui rende la pareille, un sentiment accentué par une certaine culpabilité. Mais la peur peut également s'installer à la suite d'une maladresse de l'adulte qui, voulant protéger l'enfant, lui dit : « Attention au chien, ne le touche pas, il va te mordre. » ou « Ne t'approche pas du chat, il va te griffer. »

PETIT CONSEIL

Lisez-lui avec complaisance les contes de fées les plus horribles et répétez-les indéfiniment. Observez votre enfant lorsqu'il les écoute, il jubile et demande à frissonner encore plus. C'est ainsi qu'il maîtrise ses peurs. Les contes de fées le protègent des phobies, ces peurs irraisonnées et difficilement maîtrisables, en raison des thèmes terribles qu'ils développent. Il aura sans doute un conte favori, celui qui le suivra toute son enfance et que, plus tard, il racontera à son tour à ses propres enfants.

La peur du sommeil est souvent liée à la peur de ne plus pouvoir se réveiller. Le coucher est, de toute façon, vécu comme un moment important de séparation où la solitude dans le noir devient vite insupportable. Le sommeil est aussi redouté pour ses cauchemars.

Les peurs font partie du développement normal d'un enfant. Celui-ci doit passer par toute une gamme de peurs : peur de l'orage, peur du noir, peur d'être abandonné, peur d'être séparé des siens, peur d'être dévoré, peur des gros animaux et, plus tard, des petits. C'est le moment de jouer avec la peur et de la raconter. Les enfants cherchent toujours à exprimer leurs craintes, mais leur capacité d'expression ne leur permet pas toujours d'être compréhensibles. L'important est qu'ils arrivent à le faire et trouvent une oreille attentive pour les écouter. Bien des frayeurs peuvent aussi céder aux explications simples : le chien noir qui fait peur, par exemple, n'est après tout qu'un petit chien fantasque qui a grandi.

46 Notre petit garçon de 3 ans a très peur du noir et pleure dès que nous éteignons la lumière de sa chambre. Comment l'aider à surmonter cette peur ?

↘ Pratiquement aucun enfant n'échappe à la peur du noir. Elle est classique et généralement tenace. À la frayeur de l'obscurité s'ajoutent tous les dangers imaginables : c'est dans les ténèbres que naissent les brigands, les sorcières, les animaux dévorateurs.

Chez l'enfant, l'imagination crée un monde inconnu et angoissant : c'est le bruit du parquet ou de l'armoire dont le bois travaille, un bruit qui, dans le silence de la nuit, prend une ampleur démesurée ; ce sont les objets même les plus familiers qui se transforment en ombres menaçantes. Les enfants imaginatifs se créent les plus grandes et les plus diverses peurs.

Les jeux de cache-cache dans la pénombre prouvent que les enfants dominent très bien la situation.

La nuit, l'enfant se retrouve seul. Alors surgissent toutes les angoisses. La plus courante est celle de la séparation, à laquelle s'associe une profonde impuissance puisque personne n'est là pour le protéger. Il traverse aussi une période où se posent pour lui de grandes questions existentielles, notamment celles liées à la sexualité. Ses désirs et ses pulsions de la période œdipienne, qui, il le sait, sont socialement inacceptables, se transforment en appréhensions de multiples dangers imaginaires. Un bon ours douillet et protecteur suffit en général à apaiser ses craintes, qui ne disparaîtront pas du jour au lendemain, mais progressivement, au fil des mois.

La nuit, c'est encore la peur de la solitude, celle qui pousse les enfants à retarder par tous les moyens l'heure du coucher. Ces angoisses nocturnes sont à l'origine de cauchemars, prolongements déformés de la vie diurne. L'enfant est alors d'autant plus effrayé qu'il est encore bien incapable de faire la différence entre ce qui est du domaine du « vrai » et de l'imaginaire.

PETIT CONSEIL

La peur du noir ne se traite que par la compréhension, on ne peut la combattre ni par le ridicule ni par l'autorité, et encore moins en distrayant l'enfant de ce qui l'effraie. C'est en comptant sur l'appui des siens qui le rassureront qu'un enfant arrivera à la surmonter. La solution consiste à familiariser l'enfant avec ce qui le terrifie : la peur de l'obscurité se domine en manipulant les commutateurs électriques, celle du monstre dans le placard en allant voir qu'ils n'ont aucune réalité, main dans la main, avec papa ou maman. Le dessin est encore un merveilleux moyen d'exorciser ses angoisses puisqu'il permet de les exprimer et donc de les dominer.

Quelques précautions peuvent aider votre enfant à dominer sa peur du noir. Vous pouvez, par exemple, lui laisser une veilleuse ou tout simplement laisser sa porte ouverte sur le palier allumé. Ne craignez pas qu'une mauvaise habitude s'installe, ce besoin passe tout naturellement avec l'âge.

Montrez-lui que les grands dorment aussi dans l'obscurité. Alors, pourquoi pas lui, dont le rêve est d'être « un grand » ? Il est indispensable aussi qu'il fasse connaissance avec son environnement nocturne car, dans l'obscurité, l'enfant se trouve dans un monde inconnu.

Pourquoi ne pas lui proposer de reconnaître dans la maison endormie, sous forme de jeu, les objets de sa chambre en les touchant et en les nommant ? Passez de pièce en pièce en lui signalant les choses et les êtres familiers.Cette promenade nocturne ne sera bénéfique que si l'enfant n'est pas anxieux. Proposez simplement, s'il refuse, ne le forcez pas. Vous renouvellerez votre demande plus tard.

47 Depuis que notre enfant a 3 ans, il ne supporte aucune contrainte et se met aussitôt à pleurer. Est-ce passager ou en avons-nous fait un enfant capricieux ?

↘ **Son comportement est enclin à l'autorité ou à l'autoritarisme, des degrés qui dépendent de l'éducation qui lui a déjà été donnée mais aussi de son caractère. Certains enfants seront plus souples que d'autres. Ce sont les mystères de la génétique auxquels s'ajoutent les modèles parentaux.**

Les enfants ont des modes de pensée différents de ceux des adultes. Ils vont affirmer leur personnalité au jour le jour, et sur des détails qui paraissent mineurs à leurs parents mais qui sont pour eux essentiels. Vers 3 ans, l'enfant devient souvent autoritaire. Les deux mots qu'il préfère sont « je » et « vouloir ».

S'opposer, pour lui, c'est montrer qu'il existe, qu'il a des désirs différents de ceux de ses parents.

Ainsi, il affirme qu'il a bien organisé sa représentation du monde autour de sa personne : « Je veux = j'existe = je domine le monde. » Il entre dans une phase d'opposition où les colères sont nombreuses. C'est sans doute le moment où il est temps de dialoguer avec lui et de lui donner le statut d'individu à part entière avec ses devoirs et ses besoins.

Il faudrait s'inquiéter d'un enfant qui ne piquerait pas de telles crises. C'est la preuve qu'il grandit.

Quand un enfant fait un caprice, il se met brusquement à hurler et à trépigner pour un motif totalement futile et parfois inattendu. Il veut allumer lui-même la lumière, porter un paquet trop lourd pour lui, manger des bonbons juste avant de passer à table, ou encore faire un tour supplémentaire de manège alors qu'il faut rentrer à la maison. Le caprice exprime le désir et non le besoin. Cet enfant s'est mis en tête de tester votre capacité à tenir et veut mesurer les limites qui vont vous faire craquer. C'est pourquoi il choisit le plus souvent de piquer une colère au moment le moins opportun, lorsque son parent est stressé ou pressé.

Vous avez peut-être aussi constaté que certains moments de la journée sont plus propices que d'autres. Il en est ainsi des retours de la crèche ou de l'école. En effet, la vie en collectivité l'a obligé à composer avec les autres enfants et avec les adultes qui s'occupent de lui. Ses colères de fin de journée s'apparentent au lâcher de vapeur d'une cocotte-minute. De plus, elles sont un merveilleux moyen d'attirer l'attention de parents fatigués, peu disponibles après leur journée de travail, ou qui se sont lancés dans une conversation importante.

Les caprices se multiplient entre 18 mois et 4 ans, un âge où l'enfant a compris qu'il ne suffit plus de vouloir pour pouvoir et avoir. Il sait aussi d'expérience qu'il doit, maintenant qu'il devient grand, composer avec la réalité.

PETIT CONSEIL

Face aux caprices de votre enfant, il vous faut réagir avec fermeté et autorité car plus vous lui accorderez ses fantaisies, plus il en demandera à grands cris. Si besoin, canalisez-le physiquement en le prenant fermement dans vos bras, puis proposez-lui une diversion.
Si sa colère a provoqué des dégâts, demandez-lui de réparer : il reconstruit ce qu'il a cassé, il nettoie ce qu'il a sali, il s'excuse s'il a prononcé des mots ou fait des gestes inacceptables. Tout cela l'aidera à sortir de la crise.

Ces constatations le rendent furieux car il n'aime pas être frustré. Mais ce qui est très caractéristique de cet âge, c'est la nouvelle capacité de l'enfant à tenir bon, à revenir à la charge dans un délai très court. Ses progrès, pourtant spectaculaires dans le domaine du langage, ne lui permettent pas encore de tout exprimer, alors, comme « un petit », il le fait avec son corps : il crie, il hurle, il gesticule, il tape du pied.

Quand il fait une colère, souvenez-vous qu'il est en plein apprentissage et qu'il traverse la période troublée du complexe d'Œdipe, des étapes de multiples renoncements.

Les interdits seront mieux acceptés et compris s'ils sont clairs et stables. C'est aux parents de veiller à la constante de leurs prescriptions, seul moyen de donner à l'enfant des points de repère grâce auxquels il se sent en sécurité affective, celle qu'il éprouve sans avoir à y penser.

L'opposition, même insupportable, est le signe d'un développement normal. Par contre, tout prolongement de cette phase, notamment après 5 ans, révèle que l'enfant n'est pas encore sûr de lui ni de son entourage.

PETIT CONSEIL

Le plus difficile pour les parents est de lui résister et d'imposer leur volonté sans culpabiliser. Attention, il sait très bien vous manipuler : ne cédez pas et n'essayez pas de compenser par un petit cadeau ou par un marchandage quelconque qui ne vous satisfait pas. Cependant, ne lui collez pas l'étiquette de « mauvais coucheur » ou de caractère impossible, ces qualificatifs vont influencer son comportement. Il ressent l'angoisse que cela provoque en vous, et supporte plus ou moins bien l'interprétation que vous faites de ses opinions et de ses actes. Il se conduira alors selon l'étiquette que vous lui donnez.

48 Notre enfant entre à l'école maternelle dans quelques mois, comment pouvons-nous le préparer afin qu'il ne pleure pas trop ?

↘ C'est un grand jour, effectivement souvent marqué par les cris et les larmes. Si l'enfant sanglote ce jour-là, soyez rassurée, ce n'est pas parce qu'il est mécontent d'aller à l'école, bien au contraire. Pourtant, la séparation d'avec sa mère, sa maison, sa famille lui est difficile.

Il entre dans un monde inconnu qui lui fait peur. Il va devoir rencontrer d'autres enfants et d'autres adultes qui sont de parfaits étrangers. Et puis, lui qui semblait si courageux ne peut résister à l'ambiance : beaucoup d'autres enfants sont en larmes au moment de la séparation, de quoi déstabiliser les plus solides qui se laissent souvent gagner par l'émotion. Préparez-le, dites-lui que certains enfants vont pleurer parce qu'ils ne sont pas encore assez grands.

À l'heure de la sortie, soyez ponctuelle, il peut interpréter un retard de quelques minutes comme un abandon.

Au moment de l'inscription de votre enfant, vous pouvez vous renseigner sur les modalités de séparation, car elles ne sont pas toutes les mêmes selon les écoles. Certains enseignants préfèrent que les parents partent aussitôt sans trop prolonger les adieux. D'autres estiment que la rupture doit être douce et invitent les parents à entrer dans la classe. Ils s'éclipseront quelques minutes plus tard. Avant de lui lâcher la main et de partir sans vous retourner, faites-lui un dernier baiser et donnez-lui rendez-vous pour « l'heure des mamans ». À la sortie de l'école, ne lui posez pas trop de questions sur ce que la journée lui a apporté comme découvertes.

Il a besoin d'un temps d'adaptation pour passer de la vie collective à la vie familiale. De plus, il est souvent difficile pour lui d'évoquer des faits qui se sont déroulés il y a quelques heures.

L'idéal serait que, quelques mois avant la rentrée, l'enfant ait fait connaissance avec les lieux, l'espace et les personnes qui vont l'accueillir. Il pourrait aussi venir deux à trois fois à la cantine et passer quelques instants dans la cour de récréation au milieu des autres enfants plus grands que lui et qui ont déjà profité des apprentissages prépédagogiques.

PETIT CONSEIL

Toute préparation, quelle qu'elle soit, ne l'empêchera pas d'être anxieux à l'idée de vous quitter. Il est normal que vous teniez bon face à son déplaisir et que vous soyez persuadée de l'importance de son intégration à l'école et de ses capacités à se séparer de vous.

49 On ne peut pas faire les courses avec lui sans qu'il veuille quelque chose. Comme nous ne voulons pas céder, chaque fois c'est le drame. Que faire face à ses caprices ?

↘ Pour lui, pas de doute : tout ce que font ses parents a un rapport direct avec lui. Il est donc logique que, devant les rayons d'un supermarché, il s'efforce de trouver ce que vous êtes venu chercher pour lui ! Mais c'est aussi sa manière de participer.

Prenez-le au mot, et donnez-lui l'occasion de se rendre utile. Ainsi, lui faire porter le pain évitera qu'il vous demande des bonbons, tant il sera fier de vous aider. Vous pouvez encore l'impliquer dans des choix, comme ceux des gâteaux

À tout âge, trop de cadeaux gâchent l'envie, et les désirs se transforment en besoins.

secs, du parfum des yaourts, et pourquoi pas celui de la lessive ou de la couleur du papier toilette. C'est une incroyable soif d'apprendre qui le pousse à regarder avec autant d'intérêt les devantures et les étals, mais très vite il se rend compte que c'est aussi un merveilleux moyen de tester les capacités de sa mère à lui résister.

Essayez de tenir et ne tombez pas dans le piège de la bricole qui coûte trois fois rien, ou de la sucette qui aussitôt arrête ses cris. En effet, pour cet enfant qui n'a encore aucune idée de la valeur de l'argent, tous les cadeaux sont les mêmes.

La grande majorité des psychologues pensent que les enfants capricieux sont ceux qui ont reçu une éducation incohérente. Il n'existe pas d'enfants qui naissent insupportables. Leurs comportements sont soit liés à des étapes clairement définies de développement, soit le fruit d'un capital caractère sur lequel viennent agir des principes éducatifs laxistes ou rigides. De même, par l'éducation, les parents accompagnent ou freinent les dispositions naturelles, et les tendances qui naissent tout au long du développement pour façonner le caractère de l'enfant.

Un enfant acquiert un esprit d'indépendance ou de timidité en fonction des libertés que lui aura laissées son milieu. Il suffit pour s'en persuader d'observer comment certains enfants changent de comportement selon la personne qui s'occupe d'eux.

PETIT CONSEIL

Il est possible, avant de partir faire les courses, de passer un accord avec lui : les achats sont pour toute la famille, faites une liste précise que vous lui demanderez de tenir et que, bien sûr, il est interdit de transgresser. Transformez les courses en jeu dans lequel il aura des responsabilités. Lui demander assistance, même si elle est tout à fait fictive pour des tâches quotidiennes comme les courses au supermarché, institue un climat de confiance.

Les enfants capricieux sont souvent ceux qui ont été récompensés pour tout et rien. La récompense en toute circonstance n'est pas un bon moyen éducatif. Même un petit enfant peut comprendre la notion de chantage, il saura que la récompense se mesure en valeur marchande ou affective. C'est alors lui accorder plus de puissance qu'il n'espérait.

Une communication directe et franche est le meilleur moyen de lui apprendre le comportement adéquat.

Le système des récompenses n'a une valeur éducative que s'il s'apparente à des félicitations : il gratifie l'effort et l'application. Il est nocif s'il laisse à l'enfant la liberté de décider du comportement qui, normalement, devrait lui être imposé par ses parents. C'est, par exemple, le bonbon pour remercier l'enfant d'avoir été sage pendant les courses au supermarché. Essayez de convenir d'une solution qui vous satisfera, vous et lui.

PETIT CONSEIL

Si votre attitude est ferme dès les premières demandes, votre enfant devrait devenir un consommateur averti dans le futur. C'est à vous de lui expliquer que l'on n'a pas systématiquement tout ce dont on a envie, que les cadeaux se méritent pour un « haut fait » ou un anniversaire.

50 Nos deux enfants s'entendent comme chien et chat, ils se disputent, se battent et tout cela finit dans les pleurs. Que pouvons-nous y faire ?

↘ Entre frères et sœurs, les prétextes de chamaillerie sont nombreux : jalousie, différence d'âge ou de sexe, besoin d'individualité. Selon les moments, tout devient objet de désaccord et il semble qu'il y ait toujours un enfant particulièrement prêt à chercher la bagarre.

> **Ce n'est pas parce qu'ils se disputent, alors qu'ils sont tout petits, que vos enfants ne deviendront pas de vrais amis tout au long de leur vie.**

Le partage de l'affection des parents est responsable en majorité des petites et des grandes jalousies. L'aîné est bien évidemment le premier touché : il a le sentiment qu'il va perdre l'amour de ses parents, et tout particulièrement celui de sa mère.

Cette peur est entretenue par des changements dans sa vie familiale, et par des paroles plus ou moins adroites ou que l'enfant a plus ou moins bien interprétées. C'est souvent dès la naissance du cadet qu'il exprimera ce qu'il pense de ce bébé par des mots, mais aussi par des gestes : bercement un peu brutal, doigt dans les yeux, tentative de morsure ou de griffure. C'est aux parents de veiller à ce que le nouveau-né soit en sécurité et d'expliquer.

La jalousie se manifeste aussi parfois quand le cadet commence à marcher, et bien des chutes peuvent être mises sur le compte d'un aîné particulièrement maladroit dans les approches du plus petit. Faire pleurer son petit frère ou sa petite sœur représente vraiment pour lui une certaine jouissance.

Parallèlement, le petit peut être très jaloux des prérogatives d'un aîné survalorisé, en raison d'une prise d'autonomie conséquente, comme l'entrée à l'école ou le départ en vacances hors du cadre familial.

À part la jalousie, les sources de disputes sont souvent déclenchées par des « nuisances ». Le plus grand trouve, par exemple, que le plus petit fait trop de bruit au moment où il doit se concentrer sur ses leçons ; le plus petit refuse de lui prêter le jeu vidéo que l'on vient de lui offrir, et si l'aîné essaie de s'en emparer par la force, c'est le drame.

PETIT CONSEIL

Veillez encore à ne pas avoir inconsciemment des comportements discriminatoires. C'est un bien grand mot pour des petits riens qui comptent toutefois beaucoup aux yeux des enfants : la place à table à côté de maman, des vêtements neufs pour l'aîné, ceux au contraire que le cadet finit d'user, des réflexions plus ou moins adroites sur les caractéristiques physiques et intellectuelles des uns et des autres.

Des parents attentifs sauront résoudre ces conflits. En fait, c'est assez simple : chaque enfant a besoin d'une écoute individuelle, d'un petit coin d'affection bien à lui. Mais la vie de famille nécessite l'instauration de règles de vie commune essentiellement fondées sur le respect de l'autre : respect du territoire, respect de la personnalité et du sexe. Les garçons, notamment, aiment afficher leur mépris vis-à-vis des filles qui ont les défauts de leur genre : coquettes, peureuses, chineuses,... C'est ainsi qu'eux affirment leur masculinité. L'essentiel pour les parents est de contrôler ces comportements pour éviter à ces petits garçons de devenir de vilains machos à l'âge adulte.

On constate en réalité que moins il y a de différence d'âge, moins les conflits sont nombreux. Les enfants séparés par un an tout au plus fonctionnent un peu comme des jumeaux. Ils franchissent presque ensemble les grandes étapes de développement et créent entre eux de belles affinités. Ils ont très vite la notion de justice et d'équité.

Lorsque les enfants en viennent aux mains, votre rôle est d'intervenir, si possible sans prendre parti. Sinon, vous entrez dans des discussions sans fin qui ne font qu'accroître les rivalités et les rancœurs. Par contre, tant que les enfants sont petits, essayez d'instaurer un dialogue et laissez s'exprimer les deux parties. Dès que vous en aurez l'opportunité, montrez les avantages des échanges, des complémentarités qui peuvent se jouer au sein de la fratrie.

La jalousie est un vrai moteur de développement : entre aîné et cadet, c'est à celui qui fera mieux et plus vite que l'autre.

Enfin, définissez des règles de vie commune entre frères et sœurs : rendre ce que l'on a emprunté, ne pas prendre sans avoir demandé, ne pas fouiller dans les affaires des autres en leur absence, et ne pas pratiquer la dénonciation, sauf en cas de nécessité vitale.

La jalousie s'appuyant sur l'idée que l'on n'est pas assez aimé, mieux vaut, quand elle s'exprime, ne pas la punir. Elle se soigne par l'affection, et non par la répression. L'art d'éviter les rivalités en famille passe par l'alternance équitable des privilèges et des satisfactions. Enfin, il est important d'encourager les individualités, chaque enfant ayant ses amis propres, ses activités sportives et ses loisirs.

PETIT CONSEIL

L'exemple du comportement des parents vis-à-vis de leur propre fratrie est essentiel. Voir son père ou sa mère entretenir des rapports affectueux avec ses frères et sœurs amènera les enfants d'une même famille à constater que leurs relations peuvent aussi être chaleureuses et agréables.

51 Notre enfant est extrêmement timide, au point de se mettre à pleurer lorsque quelqu'un lui parle. Comment l'aider ?

↘ **Tous les enfants traversent un jour une phase de timidité. Vers 5-6 ans, celle-ci se définit par la crainte du jugement d'autrui. L'enfant qui souffre de timidité se croit toujours le centre d'intérêt de la société et de son entourage.**

Exiger de manière autoritaire un autre comportement est inutile : la timidité est toujours incontrôlée et ne peut donc pas être dominée.

La famille joue alors un rôle important dans « l'installation » définitive de la timidité ou bien de son caractère passager. Soigner une timidité excessive n'est pas facile. Il semble que le plus sûr moyen de la combattre est de donner à l'enfant l'occasion de vivre hors de sa famille avec d'autres enfants ou d'autres adultes que ceux qu'il connaît bien.

Surtout, ne le laissez pas s'isoler. N'hésitez pas à inviter d'autres enfants à venir jouer avec lui. Quand il aura surmonté ses premières craintes, sans doute sera-t-il prêt, sans trop de réticences, à faire les premiers pas vers les autres. Mais ne le forcez pas, cela le mettrait encore plus mal à l'aise. S'il est timide, c'est qu'il ne se sent pas sûr de lui, il vaut donc mieux le valoriser plutôt que de lui faire des reproches ou se moquer de lui. Évitez par quelques paroles malheureuses de lui donner des doutes sur ses capacités. Montrez-lui que, dans certaines circonstances, les grands peuvent aussi être intimidés.

La timidité est aussi une façon de se protéger. Un enfant sensible et introverti peut en jouer, le temps d'observer son entourage et ses réactions. Quand il se sera forgé son opinion, il entrera en relation avec ceux qu'il aura jugés. L'enfant timide est à la maison un enfant facile à vivre. Docile, obéissant, il participe à la vie de la famille. Généralement, sa réserve est appréciée. Il aime les activités calmes qui demandent une réflexion en solitaire. Il est souvent appliqué en classe et assez orgueilleux de ses réussites scolaires. Enfin, certains sports ont la réputation de faire du bien à l'enfant timide, c'est le cas du judo notamment.

PETIT CONSEIL

La pratique d'un sport individuel puis collectif est une bonne solution : le foot pour les garçons, la danse pour les filles. Attention enfin à l'enfant inhibé qui s'identifie à l'un de ses parents, lui-même timide. Celui-ci doit faire un effort sur sa propre timidité. Non, ce n'est pas un trait de caractère héréditaire. Tout comportement outré chez l'enfant peut entraîner un retard de développement.

Vous pouvez aider votre enfant par des choses simples : favorisez les activités où il réussit, proposez-lui de faire quelques courses simples sous prétexte de rendre service et laissez-le se débrouiller seul. Votre attitude a aussi beaucoup d'importance : ne vous moquez pas de lui, ne l'écrasez pas sous une autorité excessive, ne vous apitoyez pas non plus sur son sort chaque fois qu'il est embêté par ses camarades, et surtout félicitez-le de ses efforts pour venir à bout de sa timidité.

La timidité peut parfois cacher une inhibition, un trouble de la confiance en soi, un repli sur soi ou même un retard. Elle doit être parfaitement repérée afin d'aider l'enfant à la surmonter. En effet, les timides, au fond de la classe, sont rarement pris en charge, alors que l'excité, l'agité et l'agressif sont immédiatement diagnostiqués. Et pourtant le timide court souvent plus de risques. L'inhibition peut enfermer l'enfant dans un monde intérieur, provoquer un manque de confiance entraînant une attitude de régression et des retards dans le développement. On aide un enfant timide en lui proposant de partager avec lui des activités comme le dessin, la lecture, en le mettant en situation de s'exprimer et en favorisant son intégration à un groupe.

52 Notre enfant pleurniche tout le temps. Est-ce un trait de caractère ?

↘ L'enfant qui pleurniche est un enfant qui ne se sent pas bien dans sa peau. Ce trouble peut avoir diverses causes. Ainsi, la plus courante est la fatigue. Elle se reconnaît facilement car l'enfant ne souhaite pas qu'on le prenne dans les bras pour le consoler ou qu'on cherche à le distraire.

Il recherche la tranquillité. Mais il est parfois tellement fatigué que la tension qui l'anime l'empêche de récupérer par un peu de sommeil. La solution est de contrôler que cet enfant a un temps de repos normal pour son âge et que l'environnement dans lequel il vit ne perturbe pas son sommeil. Sachez pourtant que tous les enfants n'ont pas besoin du même temps de récupération, il existe les gros et les petits dormeurs.

Il faut aussi s'assurer que son comportement grognon ne cache pas une maladie.

Le respect d'une durée de sommeil suffisante selon les besoins propres de l'enfant, un rythme de vie régulier et une ambiance familiale et décontractée vont faire disparaître les pleurs. La fatigue peut aussi être le résultat d'une surstimulation physique ou intellectuelle. Les capacités d'attention d'un petit enfant sont très limitées, et trop de sollicitations engendrent une tension qu'il faudra faire retomber avec beaucoup de patience et de calme.

Les pleurs peuvent encore être le signe d'une tristesse. Ils sont généralement associés à des troubles de l'appétit et du sommeil. L'enfant reste de longues heures les yeux grands ouverts dans son lit, ou se désintéresse de ses jouets et du monde qui l'entoure. D'autres, au contraire, réagissent à tout avec irritation. On constate encore que l'enfant n'a pas une bonne estime de lui. Certains connaissent déjà une vraie note dépressive. Elle est due presque toujours à des difficultés familiales ou scolaires.

> **PETIT CONSEIL**
>
> **Certaines statistiques font état de 3 % d'enfants dépressifs de moins de 6 ans. Le traitement de cette maladie consiste essentiellement en une série d'entretiens avec les parents afin d'éliminer la note dépressive qui s'est installée dans la relation parents-enfant.**

Enfin, l'enfant peut pleurnicher par ennui. C'est d'ailleurs un très bon moyen d'attirer l'attention de ses parents. Bien évidemment, l'ennui se soigne par la disponibilité des parents qui lui proposeront des jeux et des loisirs. Attention, leur véritable implication est de rigueur, la télévision ne peut pas les remplacer. Les parents peuvent instaurer comme règle de ne pas vouloir comprendre ce que dit l'enfant qui pleurniche et, par contre, d'être totalement attentifs quand il s'arrête.

53 Est-il possible d'éduquer un enfant sans que cela provoque régulièrement des crises de larmes ?

↘ L'éducation a pour base la frustration. C'est un sentiment que l'enfant éprouve assez vite, dès qu'il fait la différence entre lui et les autres. Il réalise qu'il ne peut, d'abord physiquement, pas faire tout ce qu'il veut et que les autres peuvent avoir sur lui une action indépendante de sa volonté.

Cet autre, c'est sa mère ou sa nourrice mais aussi l'objet qu'il ne parvient pas à bien maîtriser. Dans un premier temps, il va éprouver de la rage contre celui ou celle qui lui résiste, puis de l'agressivité que ses capacités motrices lui permettront assez vite d'exprimer par des gestes : il mord, donne des coups de pied, jette ses jouets, s'oppose par la force, et finit par se rouler par terre. Généralement, assez rapidement, cet enfant est débordé et effrayé par ses propres sentiments d'agressivité. Il est partagé entre amour et haine vis-à-vis de sa mère ou de sa nourrice, il ne sait plus s'il désire ou pas ce pourquoi il s'est mis en colère. La frustration est toujours insupportable à vivre, mais elle est pourtant inévitable et indispensable, sinon l'enfant risque de se transformer en un petit tyran.

PETIT CONSEIL

Vous devez vous montrer compatissants face à sa peine et reconnaissants pour les efforts qu'il fournit en obéissant. C'est ainsi qu'il apprendra à être gentil et s'apercevra que le renoncement est plus gratifiant que la colère. Il finira par être content d'être gentil.

Parfois l'enfant s'obstine. Pourquoi une telle insistance ? De la frustration et de l'échec naît l'énergie de recommencer. Et de l'effort surgit la conscience de sa juste capacité. L'échec donne ensuite à la réussite toute sa valeur. L'enfant, à partir d'expériences difficiles, acquiert les gestes et le raisonnement nécessaires à la réussite.

Une trop grande rigueur fait peut-être des enfants sages, mais conduit un enfant à ne plus s'exprimer affectivement et à se refermer sur lui-même.

Pour bien grandir, l'enfant a besoin de règles de conduite. C'est ainsi qu'il apprend à vivre en société, à rester en bonne santé et qu'il acquiert une image positive de lui-même. Mais les interdits sont plus faciles à supporter s'ils sont limités à certains domaines précis, s'ils sont constants et si les besoins de l'enfant sont satisfaits sous une autre forme.

Pourtant, pour un enfant, la désobéissance est banale. C'est ainsi qu'il se prouve qu'il existe et que lui aussi a une certaine puissance sur les êtres et les choses. Il va donc régulièrement tester les limites de ce qu'il peut ou pas faire.

La fermeté et la contrainte des principes établis sont impératives, mais ne doivent en aucun cas le faire douter de l'amour de ses proches. Il sera d'autant plus discipliné et obéissant qu'il se sent aimé. C'est progressivement qu'un enfant acquiert le sens de la discipline, à tâtons, de bêtises en colères il assimile les limites fixées par ses parents et les adoptent.

Une bonne obéissance n'est toutefois possible que si la discipline est supportable. Dire « non » à un enfant en permanence, c'est aller au-devant de l'instauration d'une relation d'opposition et de colère. L'obéissance établie sur la contrainte est toujours de courte durée et présage des difficultés plus importantes, notamment à l'adolescence.

Pour se construire une personnalité, l'enfant a besoin de limites et donc de discipline. Faute d'interdits naissent l'instabilité, l'agitation et le manque de motivation, voire, dans certains cas, des troubles beaucoup plus graves de la personnalité. Les interdits permettent une intégration à la vie en société.

PETIT CONSEIL

Les « bons » parents sont ceux qui sont ravis que leur enfant transgresse un petit peu leur autorité. Nous souhaitons tous que nos enfants adhèrent à nos opinions, tout en espérant qu'ils nous proposent d'autres voies de connaissance et de réflexion. Ce qui est sûr, c'est qu'un enfant a besoin tout à la fois de frustration et d'acceptation. Il faut savoir lui dire « non » tôt pour qu'il accepte l'autorité familiale. L'enfant d'un naturel mégalomaniaque croit toujours qu'il commande à tous les membres de sa famille.

Calendrier des pleurs

Les pleurs sont le plus souvent liés aux étapes de développement. Les gestes de consolation doivent en tenir compte.

1 mois

Il pleure parce qu'il a faim ou qu'il ressent le moindre inconfort.

Le sein ou le biberon calme 90 % de ses cris.

2 mois

Il pleure pour attirer l'attention de sa mère. Ses cris sont nettement différenciés selon ses besoins.

La voix de ses parents le calme.

3 mois

- Il crie de joie.
- Ses pleurs sont moins fréquents.

La vue du biberon calme ses larmes, il a appris la fonction plaisir de cet objet .

4 mois

Il pleure d'ennui, mais il rit aux éclats sous les chatouilles.

Les jouets à mordre et ceux qui font de la musique l'aident à rester seul dans son berceau.

5 mois

- Il n'aime pas être seul.
- Il pleure encore parfois la nuit.
- Il a choisi son doudou.
- Il craint que sa mère s'éloigne.

Il est temps de lui apprendre à dormir la nuit.

6 mois

- Il pleure lorsqu'il perd un jouet.
- Il pleure pour être mis assis.
- Il pleure de fatigue quand il a trop été sollicité.
- Il est impressionné par les bruits forts.
- Il dort moins bien.
- Sa première dent apparaît.
- Il déteste perdre l'équilibre.

Une vie bien rythmée lui convient parfaitement.

7 mois

- Il pleure parce qu'il a besoin de compagnie.
- Il comprend que ses parents sont capables de ne pas répondre à ses pleurs et se tait, profondément frustré.
- Il pleure en émettant le son « mm ».
- Il a une grande instabilité émotive qui le fait passer facilement du rire aux larmes.

Il adore la vie en société au milieu des siens.

8 mois

- Il pleure face à une personne étrangère ou à quelqu'un de familier mais qui a changé d'aspect.
- Il connaît le mot « non » et peut pleurer lorsqu'on le prononce avec autorité.

Il aime jouer à « coucou le voilà ».

9 mois

- Il pleure lorsque ses parents le grondent.
- Il a peur de la colère des adultes.
- La position debout et ses premiers pas le ravissent.
- Début des premières chutes douloureuses.

Son plaisir : se déplacer à quatre pattes ou en tenant les meubles.

10 mois

- Il commence à comprendre certains interdits.
- Il ne veut plus rester couché quand il est réveillé et manifeste son déplaisir.

C'est un actif qui veut jouer.

11 mois

- Il a peur du vide.
- Il passe facilement du rire aux larmes.
- Il réclame qu'on le fasse marcher.

Il communique avec les autres en les mordant, mais il est aussi douloureusement mordu.

1 an

- Il connaît la signification du « non ».
- Il se met en rage lorsque sa marche hésitante le fait tomber.
- Il pleure lorsqu'il est contrarié.
- Il déteste les brusques changements de situation.
- Il supporte moins bien les séparations.
- Il se réveille parfois la nuit.

Être au cœur de toutes les préoccupations familiales le ravit.

15 mois

- Il entre dans la première phase d'opposition.
- Il peut refuser de se baigner dans la mer.

Il veut faire tout seul mais est souvent victime de sa maladresse.

18 mois

- Les repas deviennent compliqués.
- Il explore tout et fait des bêtises, c'est l'âge de tous les dangers.

Mieux vaut ne jamais le laisser sans surveillance.

21 mois

- Il monte les escaliers.
- Il se réveille souvent dans son sommeil.
- Il ne veut pas aller se coucher.
- Il a peur de disparaître dans les toilettes ou par la bonde de la baignoire.

Les débuts de l'acquisition de la propreté alimentent bien des peurs.

2 ans

- Il se bagarre pour la possession des jouets, griffe, tire les cheveux et reçoit la pareille des autres enfants de son âge. Il ne veut rien partager.
- Il fait de grosses colères.
- Il s'oppose toujours à ses proches.
- Il pleure lorsque ses parents s'éloignent.
- Il a besoin d'un vrai rituel de coucher.
- Il a peur que ses parents l'abandonnent.

Il aime qu'on lui raconte des histoires.

2 ans et demi

- Il a peur du sommeil.
- Il a peur des masques et des clowns.
- Il a peur des bruits dans la nuit.

Il apprécie une veilleuse pour s'endormir.

3 ans

- Il est autoritaire et se fâche s'il n'obtient pas ce qu'il veut.
- Il a peur du noir et des animaux.
- Il fait des cauchemars.
- Son doudou a moins d'importance.

Son plaisir : faire comme les grands.

4 ans

- Il a peur de l'échec.
- Il a peur de la mort s'il y a été confronté.
- Il a peur du tonnerre.
- Il a peur des gens méchants.
- Il a peur de se perdre.

Curieusement, les histoires de monstres le rassurent.

Crédits photographiques

page 11 : Altrendo images / Getty Images ;
page 49 : Britt Erlanson / Getty Images ;
page 87 : Jamey Stillings / Getty Images.

Dépôt légal : Mars 2008
23-26-7545-01-9
ISBN : 978-2-01-237545-1
Achevé d'imprimer en Espagne par Cayfosa